KB025717

오늘도 사소한 일에 화를 냈습니다

DOUDEMOII CHIISANAKOTO DE FUKIGEN NI NARANAI HON

Copyright © 2016 by Hideki WADA

All right reserved.

Original Japanese edition published by PHP Institute, Inc.

Korean translation right arranged with PHP Institute, Inc., Tokyo
in care of Tuttle- Mori Agency, Inc., Tokyo through Yu Ri Jang Agency, Seoul.

이 책의 한국어판 저작권은 유·리·장 에이전시를 통한 저작권자와의 독점계약으로
상상출판에 있습니다. 저작권법에 의해 한국 내에서 보호를 받는 저작물이므로
무단 전재와 무단 복제를 금합니다.

자존감이 높아지고, 인간관계가 술술 풀리는 감정 정리법

오늘도
사소한 일에
화를
냈습니다

와다 히데키 **지음** | 정지영 **옮김**

상상출판

머리말 사소한 일에 화내고
뒤늦게 후회하는 당신에게

최근 사소한 일에도 욱하는 사람이 늘어나고 있다는 느낌을 받은 적이 있나요? 혹은 본인이 별것 아닌 일에도 자주 기분이 상해 손해 본다는 생각이 들 수도 있겠지요. 화를 냈다가도 뒤늦게 후회한 경험이 있지는 않나요? 심리학을 연구하다 보면 인간은 단순한 생명체라는 것을 알 수 있습니다. 사람은 욕구나 자기애(자기 자신을 중요한 존재로 여기거나 사랑하는 기분)가 충족되면 마음에 여유가 생기지만, 반대로 자기애가 떨어지면 쉽게 불쾌함을 느낍니다. 자기애는 자신을 존중하고 가치 있는 존재로 인식하는 자존감과 직결됩니다.

특히 불경기에는 생활이 어려워지므로 사람들의 마음에 먹구름이 드리웁니다. 일본에서는 아베 신조 총리가 시행한 경제 정책인 아베노믹스Abenomics로 주가가 올라갔지만, 상대 빈곤율도 증가했다는 데이터가 있습니다. 이렇게 생활이 어려워지면 당연히 마음이 불편한 사람도 늘어납니다.

또한 사람들 사이에 격차가 커지면 크게 성공을 거둔 사람이 주목을 받습니다. 그러면 자신의 생활 수준이 떨어진 것도 아닌데 상대적으로 비참함을 느끼고, 자기애에 상처를 받아 우울함에 빠지는 사람이 생깁니다.

세상이 예전처럼 경제 성장기에 있거나 전례를 답습하면 그럭저럭 일이 진행되었던 시기에는 할 일만 하면 어느 정도 성과가 나왔으므로 사람들은 안정감을 느끼는 경우가 많았습니다. 하지만 요즘과 같이 일이 뜻대로 되지 않는 불확실한 시대에는 예상이 빗나가는 경우가 많아서 사람들이 쉽게 불쾌함을 느끼게 됩니다.

한 가지 확실한 것은 사소한 일에 화내는 경우가 많아지면 본인이 지치는 것은 물론 주변 사람을 불쾌하게 하는 일도 많아져서 인간관계까지 악화시킨다는 점입니다. 또한 최근 정신신경 면역학 분야에서는 불쾌한 마음이 면역기능을 떨어뜨려서 암 같은 병에 걸릴 가능성이 커진다고 보고 있습니다.

그렇다면 일단 화내고 뒤늦게 후회하는 습관에서 벗어나 세상을 좀 더 대담하게 살려면 어떻게 해야 할까요? 세상의 분위기가 쉽게 바뀌지 않는다면 자신이 바뀔 수밖에 없습니다. 그래서 이 책에서는 사고방식과 행동을 개선해 우울한 마음에 빠지지 않고 살아가는 데 도움이 될 만한 힌트를 최대한 많이 제시하고자 합니다.

저는 오랫동안 정신과 의사로 일하면서, 환자가 쉽게 화내거나 우울해하는 습관에서 벗어나면 마음의 상태 역시 개선되는 모습을 많이 보았습니다. 그래서 쉽게 화내는 습관을 어떻게 하면 개선할 수 있는지를 큰 주제로 책을 쓰게 된 것입니다.

제 경험을 바탕으로 작은 일에도 불쾌해지는 마음에 대처하는 데 방법을 이 책에 담았습니다. 실제로 저 역시 쉽게 불쾌함을 느끼던 사람이었으나 이 책에 나오는 방법을 실천해서 점차 밝아졌습니다. 이 책이 여러분에게 조금이라도 도움이 된다면 저자로서 더할 나위 없이 기쁠 것입니다.

끝으로 편집하는 데 고생해주신 PHP 에디터스 그룹의 스즈키 다카시鈴木隆 씨와 가토 다카유키加藤貴之 씨에게 이 자리를 빌려 깊은 감사의 마음을 전합니다.

와다 히데키

목 차

3장   중요한 일에 집중하는 연습

1장

사소한 일로
당신이 기분 상하는 이유

작은 일에도 기분이 나빠지는 사람
vs
감정의 동요가 크지 않은 사람

여러분은 사소한 일에도 자주 화가 나는 편인가요? 사람은 누구나 기분이 안 좋을 때가 있습니다. 불쾌한 상황에서 기분이 나빠지는 것 자체는 매우 자연스러운 일입니다. 다만 불쾌한 기분을 얼마나 자주 느끼는지는 차이가 있으며 그 빈도가 일이나 생활에 큰 영향을 줍니다. 그 차이는 다음과 같이 크게 두 가지 유형으로 나눌 수 있습니다.

- 작은 일에도 금세 기분이 나빠지는 사람
- 감정의 동요가 크지 않은 사람

기분 나쁜 경험이 단 한 번도 없는 사람은 없겠지만, 같은 감정을 매우 자주 느끼는 사람과 드물게 느끼는 사람은 있습니다. 사실 그 횟수가 많지 않으면 생활하는 데 별문제가 없습니다. 그러나 **기분이 쉽게 나빠지는 사람은 점점 더 불평불만이 많아지고, 어떻게 되어도 상관없는 사소한 일에까지 금세 감정이 상하는 경향이 있습니다.** 반대로 사소한 일에 일일이 신경 쓰지 않고 가급적 평온한 기분을 유지하려는 사람은 그렇지 않은 사람보다 즐겁게 생활할 수 있습니다.

중요한 차이점이 하나 더 있는데, 바로 화가 지속되는 시간입니다.

- 언짢은 기분이 다른 일을 할 때도 계속 이어지는 사람
- 화가 났다가도 곧 풀리는 사람

양쪽에는 커다란 차이가 있습니다. 기분이 나빠졌다가도 바로 풀리는 사람은 일상생활에 전혀 지장이 없습니다. 심기가 불편해져도 곧 평상시 상태로 돌아가므로 주변 사람은 그가 화났는지 눈치조차 못 챌 수도 있습니다. 이런 사람은 항상 침착한 사람으로 높게 평가됩니다.

불쾌한 상태를 바로 극복할 수 있는 사람은 욱해서 쓸데없

는 말실수를 하지 않으므로 인간관계에서 큰 실수를 하지 않습니다. 이해되지 않는 이유로 상대를 불쾌하게 만드는 일이 드물어 친구나 가족, 직장 동료와 옥신각신할 일 역시 적죠. 다소 마찰은 일어나도 큰 문제로 발전하지 않습니다.

욱하는 기분을 한없이 끌고 가는 사람은 인간관계에서 여러 번 벽에 부딪히게 됩니다. "저 사람은 항상 기분이 안 좋아" "기분이 좋다가도 금방 나빠져서 말을 걸기가 힘들어" "저 사람은 감정 기복이 너무 심해"라는 말을 듣게 되고, 인간관계가 나빠지거나 문제가 자주 발생하게 됩니다.

불쾌한 감정을 쉽게 털어내는 사람과 감정이 오래 지속되는 사람 중에 어느 쪽이 이득을 보고 어느 쪽이 손해를 보는지는 누가 봐도 명백합니다. 후자는 주변 사람들이 떠나가거나 남에게 안 좋게 보이는 경우가 많아 여러모로 상당히 손해를 봅니다.

♡✗ 기분이 쉽게
나빠지는
3가지 이유

기분이 쉽게 나빠지는 이유가 '주변에 불쾌한 일이 많아서'라고 생각할 수도 있습니다. 그러나 여러분이 유난히 작은 일에도 기분이 나빠지고, 또 우울한 기분에서 쉽게 헤어 나오지 못한다면 그 이유는 따로 있습니다. 기분이 쉽게 나빠지는 이유는 크게 세 가지입니다.

- 남이 나를 소중히 대하지 않는다는 느낌이 들어서
- 쉽게 상처받는 자신을 지키려고
- 어려운 일을 무리해서 하거나, 하는 일이 제대로 되지 않아서

우선 상대가 자신을 소중히 대하지 않는다고 느낄 때 쉽게 기분이 상합니다. 잘 모르는 사람이 웃으며 "바보 같아"라고 말하면 이 사람은 나에 대해 잘 알지도 못하면서, 뭔데 이런 말을 하는 건가 싶어 몹시 화가 나죠.

반대로 자신을 소중히 대해주는 가족이나 가까운 지인이 웃으며 같은 말을 하면 그다지 화가 나지 않습니다. 농담으로 하는 말임을 알고 있기 때문입니다. 평상시 나를 소중하게 대해주는 상대이므로, 다소 심한 장난을 치더라도 본심은 그렇지 않다는 걸 알죠. 그에 대한 내성이 있는 상태라고도 할 수 있습니다.

정신 분석학자인 하인즈 코헛 Heinz Kohut 은 **"사람은 자기애가 충족되지 않았을 때 불쾌함을 느낀다"**고 말했습니다. 어린 시절에 부모로부터 충분한 사랑을 받지 못한 사람은 자기애가 쉽게 충족되지 않는 경향이 있습니다. 부모에게 충분한 애정을 받지 않으면 성인이 되어서도 매사에 불만족스러운 기분이 드는 것입니다. 그러면 타인의 사소한 말실수에도 바보 취급을 당했다거나 모욕당했다고 느껴서 불쾌해집니다.

노인 중에는 가족이 자신을 상대해주지 않아서 외롭다고 말하는 사람도 있습니다. 그들도 자기애가 충족되어 있지 않은 상태입니다. 따라서 관청 등에서 창구 직원에게 노인을 무시

한다든가 자신의 업무를 먼저 처리해주지 않는다며 언성을 높이는 잘못을 저지르는 거죠.

그들이 공무원에게 호통치는 까닭은 주빈인 자신이 윗사람이라고 과시하기 위해서입니다. 공무원이 죄송하다고 사과하면 자신이 우위에 있다고 확실히 믿게 되고, 그 과정에서 자기애가 채워지는 것입니다. 사실은 타인에게 전혀 잘난 사람처럼 보이지 않는데도요. 이렇게 자기애가 충족되지 않을 때는 어떻게든 자기애를 채우려고 타인에게 불쾌한 태도를 보이게 됩니다.

쉽게 상처받는 사람도 자주 기분이 나빠집니다. 감수성이 예민해서 사소한 일에도 기분이 확확 변하기 때문입니다. 어떤 의미로는 우울한 마음을 겉으로 드러내서 남들이 더 이상 상처 주지 못하도록 자신을 지키는 방법이라고도 할 수 있습니다.

그러나 이는 자기방어가 되기는커녕 상대에게 불쾌감만 느끼게 합니다. 상대가 이쪽을 공격할 거리만 제공하는 셈이죠. 상대에게서 자신을 방어할 작정이었으나 오히려 적을 늘리는 상황에 빠지기 쉽습니다. 따라서 상처 입지 않도록 자신을 지키려고 현재 화가 난 상태임을 알리는 것은 그리 효과적이지 못합니다.

힘든 일을 해야 할 때도 기분이 나빠질 수 있습니다. 하기 어려운 일은 결과적으로 목표에 도달하지 못할 확률이 크므로 욕구불만이 쌓입니다. 가령 다이어트를 하기 위해 식사량을 반으로 줄이고, 저녁을 먹지 않기로 다짐했다고 합시다. 처음에는 체중계에 올라가서 줄어드는 숫자를 보는 일이 즐거울 것입니다.

하지만 식사량을 반으로 줄인다는 것은 꽤 어려운 일입니다. 꾸준히 실천하지 못해서 식사량이 본래대로 돌아오고 체중도 다시 불어나서 목표를 달성하지 못할 가능성이 큽니다. 그렇게 되면 침울해지고, 초조해지며, 자신에 대한 실망감 때문에 마음이 불편해집니다. 주변에서 맛있는 걸 먹으러 가자고 제안하면 "나 다이어트하는 거 몰라?"라며 괜히 화를 낼 수도 있습니다. 이렇게 무리하면 할수록 기분 나쁜 상태가 계속됩니다.

♡✕ 자기애와 기분의 상관관계

생활하면서, 일을 하면서, 인간관계를 쌓으면서 인정받거나 원하는 결과를 얻으면 자기애가 충분히 채워지므로 마음에 여유가 생겨 평온해집니다. 타인에게 공격적인 태도를 취할 일도 없습니다. 반대로 그런 감정이 충족되지 않을 때는 초조하고 감정이 쉽게 상합니다.

양쪽의 차이는 일반 음식점과 고급 레스토랑의 고객을 비교해보면 잘 알 수 있습니다. 일반 음식점에서는 점원에게 사소한 일로 화내는 사람이라도 고급 레스토랑에서는 웬만해서 화내지 않습니다.

고급 레스토랑이 평균적으로 서비스가 좋은 건 확실하지만, 그곳에서도 점원이 주문을 착각해 실수하기도 하고, 서비스가 부족할 때도 있죠. 능숙한 점원은 손님의 잔이 비면 바로 알아차리고 와인을 가져오지만, 너무 바빠서 테이블을 미처 신경 쓰지 못할 수도 있습니다. 아직 초보라 자신의 역할을 모르는 점원도 있습니다. 하지만 와인 잔이 계속 비어 있어도 고급 레스토랑에서 점원에게 화내는 사람은 찾아보기 힘듭니다.

일본에는 '부자는 싸움을 안 한다'는 말이 있는데, 금전적으로나 심적으로 여유가 있는 사람은 이익에 눈이 밝아, 사람들과 다투면 손해 보는 것을 알기 때문에 자신이 불리한 상황에서는 화를 잘 내지 않는다는 뜻입니다.

고급 레스토랑에서 식사하는 사람은 대부분 생활면에서 어느 정도 충족되었으므로, 그만큼 마음에 여유가 있을 것입니다. '나는 이렇게 좋은 곳에서 식사하고 있다'는 우월감을 느끼고 있을 수도 있죠.

스스로 노력해 부자가 된 사람은 자신이 해냈다는 만족감이 크므로 마음도 편안합니다. 와인 잔이 제때 채워지지 않아도 '언젠간 따라주겠지' 혹은 '마시고 싶으면 직원을 부르면 되지'라고 생각하거나 '내가 화를 내봤자 이득이 없는걸'이라고 냉정하게 바라보니 화낼 이유도 없는 것입니다.

물론 돈과 마음의 여유가 직결되지는 않습니다. 돈이 많아도 자기애가 채워지지 않은 사람은 쉽게 분노하는 모습을 보입니다. '나는 이렇게 부자인데 어째서 주변 사람이 나한테 아부하지 않는 거야?'라며 작은 일에도 금세 심기가 불편해집니다. 상대가 조금만 기대와는 다른 태도를 보이면 격노하는 사람도 있습니다.

특히 부모가 부자라 태어날 때부터 돈이 많았던 사람이나 결혼으로 부자가 된 사람 중에는 자기애가 충족되지 않은 사람이 꽤 있습니다. 부모나 남편이 무슨 일이든 돈을 기준으로 판단하는 사람이라면 그 사람의 자식이나 아내는 아무리 돈이 많아도 자기애가 채워지지 않습니다. 부모가 돈은 많이 벌지만, 바빠서 자식에게 애정을 쏟을 시간이 없는 경우도 있죠. 기업 오너 중에는 회사를 물려줄 만큼 우수한 후계자를 키우고 싶어서 공부를 잘하는 자식이나 자신이 말하는 대로 행동하는 자식만 편애하는 경우도 있습니다.

이처럼 부자라고 꼭 자기애가 충족된 것은 아니며, 마음이 텅 빈 사람도 많습니다. 반대로 부유하진 않지만 너그럽고 마음에 여유가 넘치는 사람도 많습니다. 작은 일에도 쉽게 화가 나고, 그 기분이 오래 지속돼 화가 나는 이유는 결국 자기 자신에 달려 있습니다. 또, 노력하면 얼마든지 바꿀 수도 있죠.

환경적으로 받는 혜택보다 그 환경 속에서 자신이 얼마나 만족을 느끼느냐가 중요합니다. 마음이 채워져 있지 않으면 늘 불안정한 상태에 놓일 수밖에 없습니다.

어째서 기분이 쉽게 나빠지면 손해가 클까?

기분이 늘 저기압인 사람은 인간관계에서도, 업무에서도 손해를 봅니다. 기분이 나쁜 상태는 타인에게 신경질적으로 보이므로 인간관계가 악화됩니다. 깨닫지 못하는 사이에 상대가 자신을 피할 가능성도 있습니다. 또한 **기분이 나쁠 때는 경솔한 언행을 쉽게 하게 됩니다. 굳이 그런 말은 할 필요 없는데도 상대에게 상처 주는 말이나 버릇없는 행동을 해서 생각지도 않는 말썽을 일으키는 것입니다.**

예를 들어 별것 아닌 일인데도 "더는 같이 못하겠어"라고 상처 주는 말을 내뱉거나 말문을 닫아버리면 상대는 당황스러울 뿐입니다. 평소라면 절대 내뱉지 않았을 말이고, 곧 후회할 거라면 더더욱 그렇습니다. 물론 화가 쌓이고 쌓여서 자신도 모르게 내뱉는 경우는 예외입니다. 습관적으로 이런 말을 내뱉는 사람들이 있습니다. 연인 관계에서도 툭하면 '헤어지자'고 하는 사람은 상대방에게 신뢰감을 줄 수 없죠. 작은 일에도 쉽게 화내는 습관은 대인관계에 결정적으로 금이 가게 하는 원인이 됩니다.

기분이 나쁠 때는 판단력도 흐려집니다. 감정이 불안정하면 냉정하게 판단할 수 없는 법입니다. 가령 업무를 하다가 상사에게 혼이 나서 기분이 상했다고 무작정 "회사를 관두겠습니다!"라고 말했다고 합시다. 다음 날 '관둘 정도의 일은 아닌데'라고 후회해도 한 번 내뱉은 말은 주워 담을 수 없습니다.

화가 났을 때는 시야가 좁아져서 널리 내다보고 판단하지 못합니다. 간단히 말하자면 앞뒤를 생각하지 않고 결정하는 상태죠. **자꾸 나쁜 쪽으로만 생각해서 잘못된 판단을 하는 경우도 있습니다. 어차피 안 된다는 생각에 아직 얼마든지 방법이 있는데도 포기하는 거죠. 중도에 포기하면 인생 전체가 나쁜 쪽으로 움직일 가능성이 점점 커집니다.**

마음이 불편한 상황이 늘어나면 업무나 인간관계 등에서 큰 손해를 보기 때문에 화를 내는 횟수를 조금씩 줄여가는 것이 중요합니다. 설령 불쾌함을 느낀다고 해도 그 기분을 길게 끌고 가지 않는 연습이 필요합니다.

　지금까지 살펴본 것처럼, 기분이 쉽게 나빠지고, 언짢아진 기분이 풀리지 않고 오래 이어지는 데에는 다양한 원인이 있습니다. 그 원인을 하나든 두 개든 조금씩 지워나가면 기분이 나빠질 상황도 줄어듭니다. 화내는 일이 줄어들면 자연히 마음이 밝아지고, 그러면 어느새 여러분은 언제든 기분 좋은 사람, 멋진 사람으로 탈바꿈할 것입니다. 그 방법을 지금부터 알려드리겠습니다!

2장

마음의 부담을
확실히 줄이는 방법

♡✕   ## 바꿀 수 있는 일과
     ## 바꿀 수 없는 일은
     ## 이미 정해져 있다

불편한 마음에서 벗어나려면 마음에 쌓이는 부담감부터 줄여야 합니다. 부담감을 느끼면 느낄수록 고민이 깊어지며 그만큼 초조하고 불안해집니다. 반대로 부담감을 덜어내면 초조함을 느끼는 횟수도 줄어듭니다.

마음의 부담을 줄이려면 에너지를 쓸데없이 소비하지 않아야 합니다. 그러려면 먼저 자신이 바꿀 수 있는 일과 바꿀 수 없는 일을 확실히 나눌 필요가 있습니다. **바꿀 수 있는 일은 고민하다 보면 적절한 돌파구가 나오지만, 바꿀 수 없는 일은 아무리 고민해봤자 해결책이 나올 리 없습니다.** 결국 한없이 고민에 잠기게 될 뿐입니다.

1919년에 창시된 신경증 치료 요법인 모리타 요법Morita Therapy은 과거와 타인은 바꿀 수 없다는 사고방식을 기본으로 내세웁니다. 예를 들어 주부 중에는 남편과 자식을 매우 걱정해서 작은 일에도 이것저것 신경 쓰고, 노심초사하는 사람이 많습니다. 물론 가족을 생각하는 마음에서 비롯된 것이니 소중한 고민이라고 할 수 있습니다.

그러나 자신이 낳은 아이라고 해도 엄연히 나오는 다른 인격을 지닌, 완벽한 한 명의 인간입니다. 부모가 영향을 줄 수는 있어도 부모 뜻대로 진로나 성격 등을 완벽히 바꿀 수는 없습니다. '이 아이는 도대체 왜 공부를 안 하는 걸까? 어떻게든 공부를 시켜야 할 텐데'라고 아무리 생각해봤자 원하는 대로 바꾸는 데에는 한계가 있습니다. 자신의 힘으로 아이의 미래를 만들 수 있다고 굳게 믿으면, 아무리 노력해도 변하지 않는 아이 때문에 애가 타서 괴로움만 커질 뿐입니다. 아이의 성적이 오르지 않는 것이 자기 때문이라는 생각에 점점 더 무리할 수밖에 없습니다.

아이를 내 마음대로 바꿀 수 없다고 인정하면 '할 수 있는 만큼은 해보자' '내 힘으로 바뀌지 않을지라도 이 아이를 도울 수 있는 일을 찾아보자' 등 고민의 방향을 건설적으로 바꿀 수

2장 마음의 부담을 확실히 줄이는 방법

있습니다. 이처럼 내가 할 수 있는 일이 무엇인지를 먼저 찾아야 노심초사하는 마음을 내려놓을 수 있습니다.

부부간의 고민도 마찬가지입니다. '남편이 좀 더 출세해서 집안이 안정됐으면' '빨리 부장 자리에 올랐으면' 하고 생각해도 아내의 힘만으로 바꿀 수 있는 일은 별로 없습니다. 반대로 남편이 아내의 성공을 바랄 때도 마찬가지입니다. 상대의 성공을 돕기 위해 '내조의 여왕'으로 살겠다는 사람도 있지만, 일반적으로 상대의 사회생활을 위해 할 수 있는 일은 한정적입니다. 일명 '내조'를 잘한다고 해서 상대가 빨리 출세할 수 있느냐 역시 또 다른 문제입니다. 건강하게 일하도록 도와줄 수는 있어도 출세 여부는 본인이나 회사에 달려 있다고 여기는 편이 마음 편하고, 실제로도 그렇습니다.

바꿀 수 없는 일로 고민하기 시작하면 해답을 찾을 수 없으니 마음이 몹시 지치고 초조하며, 불안한 기분도 가시지 않습니다. 자신을 희생해서라도 가족을 위해 애쓰겠다는 자세는 훌륭하지만, 길고 긴 인생 속에서 자신의 행복도 충분히 생각해야 하지 않을까요?

자식이 훌륭하게 자라길 바라는 것도, 상대의 출세 때문에 고민하는 것도 결국 자신이 행복해지고 싶어서일지도 모릅니다. 자식이나 남편의 일에 쏠렸던 마음의 무게 중심을 자기 인생으로 조금만 옮겨도 훨씬 편안해질 것입니다.

　'아이가 좋은 학교에 간다면 기쁘겠지만, 안 되면 어쩔 수 없지' '남편이 출세하면 좋겠지만 아니라고 해도 상관없어'라고 일부러라도 가볍게 생각하다 보면 부담스러운 기분이 사그라듭니다.

　여러분은 주로 무엇 때문에 걱정하고 있나요? 자신이 아닌 다른 사람의 일로 노심초사하고 있지는 않습니까? **나 아닌 다른 사람의 일로 고민하게 되면 끝없이 초조하고 불안해질 뿐입니다. 사람은 그리 쉽게 바꿀 수 없으므로 다른 사람의 일은 적당히 고민하고, 대신 자기 일로 시선을 돌려봅시다.**

♡× **지금 당장
시작할 수 있는 일을
생각하라**

앞서 남을 바꿀 수 없다고 했는데, 그 이상으로 바꿀 수 없는 것이 또 있습니다. 바로 과거입니다. 없었던 일로 하고 싶다고 생각해도 이미 벌어진 일을 되돌릴 수는 없습니다. 그런데도 과거의 일을 떠올리면서 '그때 이랬으면 어땠을까, 저랬으면 어땠을까' 하고 계속 고민에 잠겨 있는 사람이 많습니다. 가령 자신이 무심코 던진 한마디에 친구가 화났고, 대화가 단절되었다고 합시다. 게다가 "더는 연락도 하지 마"라는 말까지 들었습니다. 그런 일을 겪으면 매우 충격을 받게 됩니다.

떠올리고 싶지 않아도 친구가 한 말이 자꾸만 떠오를 것입니다. 당시 상황을 여러 번 곱씹다 보면 점점 더 우울해집니다. 하지만 아무리 후회해도, 자신이 저지른 일을 되돌릴 수는 없습니다. 과거는 어떻게 해도 바꿀 수 없기 때문입니다. 물론 잘못한 일은 반성해야 하지만, 괴로운 마음을 가라앉히려면 과거에서 벗어나 바꿀 수 있는 미래로 시선을 돌려야 합니다.

과거는 일단 내려놓고, 당장 내가 할 수 있는 일이 무엇일지 생각해봅시다. 상대에게 한 사과가 부족했다면 다시 사과하는 편이 방법일 수도 있습니다. 상대가 연락하지 말라고 했다면 자꾸 전화하는 대신 진심을 담아서 쓴 손편지를 전달하는 건 어떨까요? 사과하는 뜻에서 선물을 함께 보내도 됩니다. 친구의 집 앞에 직접 사과하러 가는 방법도 있습니다. 곰곰이 생각해보면 할 수 있는 일은 얼마든지 있습니다. 여러분에게는 상황을 바꿀 수 있는 힘과 기회가 있는 셈입니다.

과거는 바꿀 수 없지만, 미래는 바꿀 수 있습니다. 친구가 용서해준다는 보장은 없지만, 아무것도 하지 않으며 후회하고 있는 것보다는 뭐라도 하는 편이 용서받을 확률이 높습니다. 내가 혼자서 아무리 고민하고 후회한다고 한들, 상대방은 여러분의 마음을 전혀 알 수 없을 테니까요. 적어도 과거의 일로 계속 괴로워하며 손 놓고 있기보다는 앞으로의 일을 생각하는 편이 상황을 개선할 가능성이 크며, 자신의 기분도 가볍게 합니다. 아직 할 수 있는 일이 있다고 생각하는 것만으로도 마음의 무게는 줄어드니까요.

과거의 일로 고민해봤자 문제는 절대 해결되지 않습니다. **과거는 '반성'하는 것입니다. 반성으로 나온 결론을 미래에 반영해야지, 과거의 일 자체만을 놓고 괴로워하면 답은 결코 나오지 않습니다.** '그 일은 내가 잘못했어. 잘못을 수습하려면 이제부터 어떻게 해야 할까?'라고 생각을 미래로 돌리고, 당장 할 수 있는 일부터 차근차근 해결해나가는 편이 훨씬 건설적입니다.

그때 내가 왜 그랬을까?

내가 실수했구나!
얼른 사과하러 가야겠어.

과거의 잘못 대신
당장 할 수 있는 일을 떠올려봅시다.

♡✕ 불쾌한 감정은
내버려 두면
사라진다

불교에 기초를 둔 신경증 치료법인 모리타 요법에서는 감정의 법칙을 이렇게 규정하고 있습니다.

'감정은 내버려 두면 사라진다.'

아무리 불쾌한 감정이라도 내버려 두면 사라집니다. 반면, 자꾸만 의식하면 불쾌한 감정은 사라지지 않고 계속 이어집니다. 굉장히 기분 나쁜 생각이 머릿속을 떠나지 않을 때는 그와 관련된 일을 계속하는 대신 다른 종류의 일을 하는 편이 훨씬 좋습니다. 예를 들어 화가 났을 때 누군가 "점심 먹으러 가자"고 권유하면, 자신도 모르는 새 분노가 가라앉습니다. 메뉴 정하기 등 당장 할 일이 생기니 분노는 뒤로 밀려날 수밖에 없습니다.

반면 '이 짜증 나는 기분을 빨리 없애야 할 텐데'라고 한없이 감정에 얽매여 있으면 '그러고 보니 전에도 같은 말을 듣고 기분이 나빴어' 등 부정적인 생각이 떠오르고, 불쾌한 감정이 계속 이어집니다. 불안하거나 혼란스러울 때도 마찬가지입니다. '불안해지면 안 돼' '진정해야 해'라고 생각하면 할수록 오히려 불안함은 증폭되고 마음이 가라앉지 않습니다. 일부러라도 뭔가 다른 일을 찾아서 하다 보면 불안한 기분은 어느새 사라집니다.

중요한 것은 기분이 나빠졌을 때 그 감정을 빠르게 없애는 일입니다. 아무리 작은 일에 기분 나빠하지 말자고 다짐해도 어쩔 수 없이 불쾌해지는 순간이 있습니다. 그런 감정이 일시적으로 생겼다가 사라지면 크게 문제 될 일은 없으므로, 불쾌함을 길게 끌고 가지 않는 기술의 습득은 매우 중요합니다. 불쾌한 감정을 빠르게 가라앉히려면 그 감정을 계속해서 자극하지 않아야 합니다.

불평을 쌓아두지 않고 바로 내뱉는 사람이 있습니다. 배우자와 사소한 일로 다투거나 안 좋은 일이 있으면 친구에게 바로 전화해서 푸념을 늘어놓는 사람이 그 예입니다. 어떤 사람은 배우자에 대한 불평을 털어놓기 위해 이틀에 한 번 정도 친구에게 전화를 겁니다. 일반적으로 생각할 때, 배우자에게 그렇게 자주 불만을 느낀다면 이혼해도 이상하지 않은 수준입니다.

그런데도 부부관계가 유지되는 것을 보면 불만을 마음속에 쌓아놓지 않는 것이 얼마나 도움이 되는지 알 수 있습니다. 이런 부부는 생각보다 금슬이 더 좋은 경우도 오히려 많습니다. 불평을 다른 사람에게 털어놓음으로써 언짢아진 기분을 길게 끌지 않고 빠르게 없애기 때문입니다. 이야기를 들어주는 상대는 성가실지도 모르지만, 어찌 됐든 언짢은 기분을 해소하는 방법으로는 효과적인 셈입니다.

어떤 사람은 기분이 나빠지면 종이에 자신이 화난 이유와 대상 등을 메모한 다음, 찢어서 쓰레기통에 버립니다. 그러면 신기하게도 불쾌한 감정이 사그라든다고 합니다. 종이를 찢는 행동으로 감정을 해소하는 것입니다.

불쾌한 기분은 최대한 빨리 없애는 편이 좋으므로 자기만의 해소법을 찾아봅시다. 달리기, 요가, 노래방 가기 등 어떤 형태든 밖으로 에너지를 분출하는 것이면 됩니다. 맛있는 음식을 먹기, 친구와 수다 떨기도 좋습니다. 여러분의 마음에 쌓인 불만을 해소하기 위해서라면 뭐든지 괜찮습니다.

오늘 점심은
피자? 햄버거?

기분 좋은 일을 생각하다 보면
불쾌한 감정은 어느새 사라집니다.

♡x 고민은
행동으로
해결하라

우리는 어떤 일이 도중에 멈추거나, 보류되거나, 연기되는 불분명한 상태일 때 마음이 굉장히 불편해집니다. 가령 만나기로 한 상대가 약속 장소에 30분이 지나도록 오지 않는다고 해봅시다. 원래 약속에 늦지 않는 사람이고, 어디냐고 메시지를 보냈는데도 답장이 오지 않는다면 우리는 더욱더 안절부절못하게 되거나 화가 날 것입니다. 이럴 때는 우선 문제가 되는 상황을 해결해야 합니다. 메시지에 답장이 없다면 전화를 걸어 상대의 상황을 확인하면 됩니다.

'왜 답장이 오지 않지?'라고 고민하기 시작하면 '혹시 내가 아침에 말실수해서 상대가 화가 난 건가?'라는 식으로 쓸데없는 상상까지 하게 됩니다. 자신이 문자메시지를 기분 나쁘게 보낸 건 아닌지, 혹은 사고라도 난 건 아닌지 점점 더 걱정이 커집니다. 이럴 때는 아무리 넘겨짚어도 상황을 알 수 없으므로 고민하기보다 직접 전화를 거는 편이 훨씬 생산적입니다. 간단한 일이지만 의외로 망설이게 되는 경우가 많습니다.

상대가 정말 화가 난 상태라면 어떻게 해야 할까요? 상대방이 얼마나 화가 나 있을지, 혹은 언제쯤 화가 풀릴지 생각하며 기다리기보다는 직접 만나러 가서 진심으로 사과의 뜻을 전하는 편이 대개 문제를 원만히 해결하는 방법입니다. 심지어 문제가 일어나기 전보다 상대와의 관계가 훨씬 좋아지는 경우도 있습니다.

모바일 메신저를 이용하다 보면 상대가 메시지를 읽고도 답을 하지 않을 때가 종종 있습니다. 그것이 신경 쓰여 참을 수가 없을 때도, 마찬가지로 전화를 걸어봅시다. 업무 때문에 급한 용건으로 메일을 보냈는데 답장이 오지 않을 때 역시 전화를 걸면 됩니다. 대부분의 경우 걱정과는 달리, 깜빡 잊었다거나 너무 바빠서 답장하지 못했다며 용건을 빠르게 처리해줄 것입니다. 또한 직접 물어보면 목소리나 표정으로 상대의 기분을 알 수 있습니다. 파악되지 않는다면 그때는 또 다음 수를 생각하면 됩니다.

남녀 사이에서도 마찬가지입니다. 상대가 자신을 어떻게 생각하는지 알 수 없다면 굉장히 답답하겠지요. 소개팅 후 몇 번이나 만났는데, 아직 상대방의 마음을 알 수 없다면 고민하는 대신 일단 물어보면 어떨까요? '차이지 않을까?'라고 걱정하며 한없이 고민하기보다 '차여도 어쩔 수 없지'라는 마음으로 고백하는 편이 훨씬 후련합니다. 무엇보다 그편이 여러분에게 맞는 사람을 고르기 쉽습니다.

짝사랑 중이라고 해도 마찬가지입니다. 고백도 하지 않고 몇 개월씩 고민할 바에는 차라리 고백하고 차이는 편이 마음을 빨리 회복할 수 있습니다. 시간이 흐르면 더 괜찮은 사람이 나타날지도 모르죠. 물론 제대로 연인 관계가 될 가능성도 있습니다. **혼란스러운 상태가 지속되면 그저 오랫동안 안절부절못하게 될 뿐입니다. 그 상태를 해소하려면 우선 상황을 명확히 하는 것이 효과적입니다.**

어려운 일을
마주쳤을 때는
일단 피하고 본다

　　자신의 실력으로 할 수 없는 일을 무리하게 하려고
하면 걱정이 많아지기 마련입니다. 이 상황에서 '나는 할 수
있다'라고 자꾸만 기합을 불어넣으면 초조함은 배가 될 뿐입
니다. **세상에는 내가 할 수 없는 일도 많다고 솔직하게 인정
하는 편이 마음 편하죠.**

　그렇다고 '나는 아무것도 못 해'라고 생각할 필요는 없습니
다. 할 수 있는 일과 할 수 없는 일을 구별해서 생각하자는 뜻
입니다. 수험 공부를 생각해보면 쉽게 알 수 있습니다. 누구
나 잘하는 과목과 못하는 과목이 있으므로, 양쪽을 나누어 대

책을 생각하면 조금 더 편하게 공부할 수 있습니다. 만약 수학에서 항상 50점밖에 받지 못하는데, 다음 시험에서는 반드시 80점 이상을 맞겠다고 다짐한다면 부담될 뿐입니다.

그보다는 잘하는 과목의 점수를 올리는 편이 현실적입니다. 만약 영어에는 흥미가 있어서 80점을 맞았다면 이를 90점으로 올리는 편이 더 쉽습니다. 못하는 과목에 얽매이다 보면 '이렇게 노력하는데 어째서 점수는 계속 이 모양이지'라며 우울해집니다. 성적이 조금 올라 60점이나 70점을 맞아도 마찬가지로 낮은 점수이므로 만족도가 낮습니다. 반면 잘하는 과목의 점수를 늘리는 데 힘을 쏟으면 '열심히 했더니 10점이나 올라갔어. 거의 100점이잖아? 노력한 만큼 성과가 있네'라고 긍정적으로 평가할 수 있고, 기분도 훨씬 좋아집니다.

자신이 무엇을 잘하고 무엇을 못하는지 확실히 파악해서 미숙한 부분까지 무리하게 노력을 쏟지 않도록 합시다. **유리한 부분으로 범위를 좁혀야 마음이 편안해집니다. 또 잘하는 일만 하는 것으로도 여러분은 충분히 인정받을 수 있습니다. 부담을 줄이려면 자신이 잘하지 못하거나 벅차다고 느껴지는 일에서 빨리 손을 떼야 합니다.** 어려운 일을 마주쳤을 때는 일단 피하는 것도 한 방법이기 때문입니다.

50점 ▶ 70점

그렇게 열심히 노력했는데!
난 바보인가 봐.

80점 ▶ 90점

하면 되네!
역시 난 영어를 잘하나 봐!

잘하는 일만 해도
충분히 인정받을 수 있습니다.

안 좋은 일을
잊으려면
다른 일을 떠올려라

안 좋은 일은 빨리 잊고 싶은 법입니다. 하지만 잊기 위해서는 일부러 노력하지 않아야 한다는 점이 가장 중요합니다. 이가 아플 때 아픔을 잊으려고 하면 할수록 신경이 쓰이고, 더욱 아프게 느껴지는 경험이 다들 한 번씩은 있을 것입니다. 잊고 싶다고 생각하면 생각할수록 잊고 싶은 대상 역시 머릿속에서 떠나지 않으므로, 시간이 흘러도 점점 더 또렷이 떠오를 뿐입니다. 잊고 싶다는 생각 때문에 오히려 잊지 못해서 한층 더 안달복달하게 되기도 합니다.

모리타 요법 중 '악순환 모델'이라는 사고방식이 있습니다.

누구든 '불안해지면 안 돼'라고 생각하는 순간 불안함이 더 강해집니다. '초조해지면 안 돼'라고 생각하면 초조함이 커집니다. 잊으려고 하면 오히려 그것이 계기가 되어 대상이 더 생각나는 악순환에 빠진다는 것이 바로 이 악순환 모델입니다.

모리타 요법에서는 악순환에 빠졌을 때 생각을 끊어내기 위해 다른 행동을 하는 것이 중요하다고 말합니다. 예를 들어 '이가 아파도 일단 급한 일부터 하자'라는 생각으로 일에 집중하거나 재미있는 영화를 보는 것입니다. 일부러 잊으려고 애쓰는 대신 다른 쪽에 자연스럽게 집중하는 것이 가장 좋습니다. 즐거운 일을 하다가 '아, 화났던 일은 완전히 잊어버렸네'라거나 무언가에 열중하다가 '아, 맞다. 그랬지'라고 떠올리는 것이 가장 좋은 패턴입니다.

항상 즐거운 일을 할 수 있는 상황이 아닐지도 모릅니다. 그러나 아주 간단한 작업으로도 신경을 돌릴 수 있습니다. 울컥화가 치밀어 올랐을 때, 거래처의 메일에 답장하는 데 신경 쓰거나 컴퓨터 바탕화면의 폴더 정리를 하는 등 화가 난 이유와는 다른 일에 주의를 기울이는 것입니다. 잠깐 하던 일을 멈추고 자신이 평소 즐겨 찾는 인터넷 사이트에 들어가는 것도 좋습니다. 아무리 바쁘더라도 그 정도 여유는 가져도 됩니다. 계속 기분 나쁜 상태로 일하는 것보다 잠깐 딴짓하며 기분을 풀고 업무에 집중하는 게 효율적이기도 합니다. 초조하고 짜증 날 때는 '오늘 저녁에는 뭘 먹을까?' 생각하는 것만으로도 시선을 옮길 수 있습니다. 사실 짜증도 아주 작은 계기에서 비롯된 일이 대부분이기 때문입니다.

시카고대의 심리학 교수인 미하이 칙센트미하이 Mihaly Csikszentmihalyi 는 무언가에 아주 깊이 빠진 상태를 몰입 Flow 이라고 표현했습니다. 사람은 몰입 상태일 때 매우 기분이 좋아지고, 마음이 편안한 상태가 됩니다.

여러분도 시간이 가는 것도 잊고, 매우 즐겁게 무언가에 열중했던 경험이 있을 것입니다. 예를 들어 어떤 화가는 한번 그림을 그리기 시작하면 몇 시간이나 흠뻑 빠져 작업하고, 심지어 누가 말을 걸어도 모를 정도가 된다고 합니다.

최근에는 스포츠 선수들이 몰입 상태에 들어간다는 말을 자주 사용합니다. 자신이 하는 일에 완전히 집중하는 몰입 상태가 되면 무슨 일을 해도 잘 풀릴 확률이 높습니다. 축구 선수가 몰입 상태에 들어가면 자유자재로 패스할 수 있고, 슛이 골대에 들어가 득점할 확률이 현저히 높아집니다. 테니스 선수가 몰입 상태에 들어가면 원하는 코스로 확실하게 공을 칠 수 있습니다. 이렇게 몰입 상태가 되면 기분이 최고조에 달하고,

자잘한 고민이나 걱정은 완전히 잊게 됩니다.

스포츠 선수는 엄청난 훈련 끝에 몰입 상태에 들어가게 되는 만큼, 사실 우리는 그렇게까지 고도의 집중력을 발휘하기는 어렵습니다. 하지만 **좋아하는 일을 하다 보면 누구나 가벼운 몰입 상태에 들어갈 수 있습니다.** 자신이 어떤 일을 할 때 쉽게 집중하게 되는지 생각해봅시다. 자기 자신을 잘 아는 사람은 초조해질 때도 쉽게 기분을 전환할 수 있습니다. 따라서 자신이 좋아하는 일을 떠올려보는 것이 먼저입니다.

"업무 중에서도 단순하게 자료를 분류하는 작업을 할 때 아무 생각이 안 나서 좋아."
"좋아하는 야구 팀을 응원하는 게 내 가장 큰 기쁨이야."
"이 노래를 듣는 게 제일 좋아."
"이 영화는 질리지도 않고 몇 번이나 다시 보게 돼."

이렇게 주변에는 몰두할 만한 대상이 널려 있습니다. 마음이 불편해졌을 때는 좋아하는 일로 주의를 돌리는 게 최고입니다. 몰입 상태에 들어가면, 곧 기분이 나빴다는 사실조차 잊게 될 것입니다. 여러분이 좋아하는 일은 무엇인가요?

♡✕ '그럴 수도 있지~'라는 마음으로 기분을 가라앉힌다

작은 실수로 상사에게 혼나는 상황.

제비뽑기에 걸려서 사람들 앞에서 대표로 발표하기.

오해로 인한 친구들과의 싸움 등….

세상에는 나에게 일어나지 않았으면 하는 일이 매우 많습니다. 하지만 누구나 그런 일 중 하나쯤은 겪을 수밖에 없습니다. 있어서는 안 되는 일도 겪게 되는 것이 인생이기 때문입니다. 이때 나에게 나쁜 일이 일어났다는 사실을 절대 받아들일 수 없다고 생각하면 괴로워집니다. '일어나지 않았으면 좋겠지만 뭐, 어쩔 수 없지'라는 식으로 한번 생각해보는 건 어떨까요?

가령 상사가 자신에게 호통을 쳤을 때 '이런 사소한 일로 화를 내다니 말도 안 돼!'라고 생각하며 곱씹으면 곱씹을수록 더욱 화가 치밀어 오릅니다. 짜증도 가라앉지 않습니다. 대신 '뭐, 몰랐는데 상사에게는 그 부분이 중요한가 봐'라고 생각하면 분노가 줄어듭니다.

부부 싸움도 마찬가지입니다. 사소한 일로 화가 난 배우자에게 '작은 일까지 트집 잡다니, 이러면 안 되지!'라며 화를 내봤자 자신만 더 불쾌해질 뿐입니다. '저 사람은 세세한 일에도 신경을 쓰니까 이런 일로 화내는 거야'라고 생각을 바꾸면 분노가 더 이상 증폭되지 않습니다.

화가 난 상황에서 생각을 바꾸기란 쉽지 않습니다. 그러나 있어서는 안 되는 일, 있을 수 없는 일이라고 생각하면 짜증이 결코 가라앉지 않습니다. 또, 이미 벌어진 일이기 때문에 아무리 '있어서는 안 되는 일'이라고 화를 내봤자 바뀌는 것은 없습니다. 이미 벌어진 일이죠. 하지만 '있을 수 있는 일이야' '어쩔 수 없지'라는 식으로 생각하면 내 기분이라도 바뀝니다.

최악의 사태만 발생하지 않으면 우리에게 일어나는 일 대부분은 아무래도 상관없는 일, 혹은 어쩔 수 없는 일입니다.

　　　　　　2장 마음의 부담을 확실히 줄이는 방법

실제로 시간이 지나면 '그렇게까지 화내지 않아도 됐는데' 혹은 '화내봐야 나만 손해였는데'라고 후회하는 경우가 많지 않나요? 회사에서 해고를 당하거나 당장 회사를 그만두고 싶은 일, 이혼에 이르는 정도의 일이 아니라면 중대사라고 생각하지 않는 편이 낫습니다.

사람들은 자신에게 중요한 일이 생각대로 되지 않으면 화를 내지만, 자신에게 영향을 주지 않는 일에는 굳이 분노하지 않습니다. 하지만 자신의 기준에서 있어서는 안 될 일이 현실에서 일어나는 경우에는 아무리 사소한 일이라고 해도 '터무니없는 일이 일어났어' '이건 큰일이야'라고 분개하게 됩니다. 이런 사고방식은 매사를 과대평가하도록 만듭니다.

어떤 일이 일어났을 때, 그것이 중요한 일이나 어려운 일이라고 판단하면 마음이 불편해집니다. 대수롭지 않은 일, 혹은 흔히 있는 일이라고 생각을 바꾸는 것만으로도 마음에 드리운 먹구름이 걷힙니다.

이런 일이 일어나다니
정말 불공평해!
있을 수 없는 일이야!

일어나지 않았다면
좋았겠지만
벌써 일어난 일이니 어쩌겠어~

생각을 바꾸면
마음이라도 편해집니다.

대담하게 생각하면 어떤 실수도 만회할 수 있다

마음에 평화가 찾아오려면 일단 여유가 있어야 합니다. 사람은 여유가 있을 때 훨씬 너그러워지기 때문입니다. 예를 들어 시간상으로 여유가 있는 사람은 "같이 술 한잔할까요?"라고 권유받으면 "그거 좋지요"라고 흔쾌히 받아들입니다. 하지만 일이 바빠서 시간을 낼 수 없을 뿐 아니라 지쳐 있는 사람은 같은 권유를 받아도 "저는 그럴 상황이 아닌 거 아시잖아요?"라고 필요 이상으로 까칠하게 반응하게 됩니다. '술 마실 시간도 있고 팔자 좋네!' 하고 부정적으로 받아들일 가능성도 있습니다. 상대가 선의로 제안한 말에도 이쪽은 심기가 불편해지고 말죠.

다이어트를 할 때도 마찬가지입니다. 여러분이 며칠 동안 제대로 식사도 못 했는데, 살은 빠지지 않아 매우 스트레스를 받는 상태라고 합시다. 상대가 빵을 좀 먹겠냐며 내밀면, 여러분은 자신도 모르게 이렇게 반응할지도 모릅니다. "저 다이어트하는 거 몰라요?" 평소라면 고맙게 받았을 텐데도 마음에 여유가 없으니 부정적으로 반응하게 되는 것입니다. 사정을 모르는 상대방은 당연히 상처받겠지요.

시간적으로든, 정신적으로든 여유를 갖는 것은 불쾌한 기분을 해소하기 위해 매우 중요합니다. 정신적인 면에서는 이를 '대담함'이라고 표현합니다. 실패하더라도 '어떻게든 되겠지'라는 기분이면 마음이 편안해지고 시야가 넓어집니다. 물론 실패한 원인이 무엇인지는 되짚어봐야겠지만, 이미 끝난 일을 머리 싸매고 고민해봤자 바뀌는 것은 없습니다. 일단 대담하게 '뭐 어때'라고 생각하고 앞을 내다봅시다. **실제로 세상일은 대담하게 부딪쳐보면 어떻게든 되는 법입니다. 그저 '지금은 실패했지만 어떻게든 헤쳐나가자'라고 생각하면 됩니다.**

세상에는 단기적인 시점이 아니라 장기적인 시점으로 생각해야 잘 풀리는 일들이 있습니다. 회사원에게 정년까지 남은 시간을 따져본다면 한두 번의 실패는 아무것도 아닙니다. 출세를 목표로 하는 사람에게 당장의 실패는 당연히 타격이 있습니다. 승진에서 누락될 수도 있습니다. 하지만 그게 전부는 아닙니다. 어떤 실수든 시간을 들이면 얼마든지 만회할 수 있기 때문입니다.

장기적인 관점에서 계획을 세우지 않으면 개인은 물론 기업도 좌절을 맛보게 됩니다. 신기술을 발명하거나 새로운 제품으로 명성을 얻은 후, 단기적인 이익을 무리하게 좇은 탓에 결과적으로 크게 손실을 보는 기업이 많습니다. 심지어 업계 1위 자리에 올랐다가 순식간에 파산하는 경우도 있죠. 반대로 초기에는 수익이 적어도, 고객이 제품을 오랫동안 사용할 수 있도록 좋은 제품을 만들고 고객 서비스에 노력을 기울이는 장기적인 경영을 하는 기업도 있습니다. 그런 기업의 제품은 결국 튼튼하다는 이미지가 생기고, 오래 사랑받게 됩니다. 결국 오랫동안 살아남는 것은 장기적인 관점을 가진 기업입니다.

경영자의 시점이 단기적인 수익이나 성과 위주이면 장인정신이라는 가치는 사라집니다. 지금 당장 이익을 내기 위해 최대한 원가를 줄이자거나 일단 매출목표를 맞추고 보자는 의식이 강해질 뿐이죠.

마음이 불편하면 시야가 좁아져서 앞날을 생각하지 못합니다. 눈앞의 일을 기준으로 매사를 정해버리면 좋은 결과를 얻지 못할 것입니다. 여러분은 좀 더 대담해져도 괜찮습니다.

♡✕ **당신이
'좋아요'에 점점 더
얽매이게 되는 이유**

　　요즘 사람들의 마음을 불편하게 만드는 것 중 많은
것이 인터넷과 관련되어 있습니다. 많은 젊은이가 모바일 메
신저나 SNS 문제로 고민합니다. 저는 페이스북 계정을 만들
생각이 없었지만, 업무 관계로 일부 그룹 사람들과 함께 활동
을 시작했고 지금도 가끔 접속합니다. 그래서 SNS에 필요 이
상으로 집착하게 돼 힘들다는 사람들의 고민을 어느 정도 이
해하게 되었습니다.

　페이스북을 한다는 사실이 알려지자 친구 요청이 연이어 들
어왔고, 어느덧 친구가 200명을 넘었습니다. 곧 '오늘은 ○○

님의 생일입니다'라는 메시지가 줄기차게 당도했지요. 설정을 바꾸면 되겠지만 처음에는 잘 몰랐고, 생일인 것을 알았는데 무시할 수도 없어서 축하한다는 메시지를 남겼습니다. 그 외에도 각종 소식이 올라오니 일일이 댓글을 남기게 됐죠.

그런 일을 시작하자 SNS에 투자하는 시간이 점점 더 늘어났습니다. 친구가 10명 정도라면 어떻게든 되겠지만 50명, 100명, 200명이 되자 더는 대응할 수 없었습니다. 제가 아는 한 편집자는 페이스북을 시작한 뒤로 매일 반나절 정도를 페이스북에 접속해 있다고 합니다. 편집자는 최신 정보를 얻고, 작가들과 접촉하는 게 주요 일 중 하나인 만큼 SNS를 보는 게 업무와 아예 관계가 없진 않습니다. 그러니 직장에서 SNS를 반나절이나 보고 있어도 허용되겠지만, 보통 회사라면 딴짓하지 말라고 상사에게 지적받을 것입니다.

물론 자신이 올린 글에 '좋아요'가 늘어나면 왠지 뿌듯합니다. '좋아요'가 유난히 많은 날에는 내가 글을 잘 썼나 싶어서 우쭐해지기도 하죠. 내 게시물에 '좋아요' 수가 많아지면 기분이 좋아지는 게 당연하지만, 우리는 '좋아요'를 받기 위해 쓰는 시간적인 비용도 생각해야 합니다. 다른 사람에게 반응을 받으려면 자신도 다른 사람의 게시물에 계속해서 '좋아요'를 눌러야 하기 때문입니다. 사실 글의 내용과 '좋아요' 수가 관

2장 마음의 부담을 확실히 줄이는 방법

게 있는 경우는 별로 없습니다.

'좋아요'를 많이 받을 만한 글을 쓰는 것보다도 일을 열심히 해서 회사에서 좋은 평가를 받는 편이 현실적으로 훨씬 이득입니다. 누구나 이 사실을 알고 있죠. 그런데도 많은 사람이 도대체 왜 '좋아요'에 집착하는 걸까요? 무슨 일을 하든 SNS에 업로드할 생각을 하고, 특히 SNS에서 인정받는 것이 현실보다 즐겁다면 회사에서 좋은 평가를 받지 못하거나 불만이 있기 때문일 수도 있습니다. 누군가에게 인정받고 싶어서 인터넷 공간의 '좋아요'를 원하게 되는 거죠. 결국 일에 대한 의욕은 줄어들고 SNS에 접속하고 싶다는 생각만 점점 커집니다.

이것은 당연히 바람직하지 않은 상태입니다. 페이스북의 '좋아요'는 어디까지나 가상의 숫자입니다. SNS를 하면 할수록 점점 더 많은 이에게 자신이 알려지기를 바라지만 여기에는 한계가 있기 마련입니다. 여러분이 연예인이 아닌 이상 '좋아요' 1천 개나 1만 개를 받는 일은 그리 흔하지 않겠지요. 그런데도 다른 사람과 비교하며 '나는 왜 이만큼 관심받지 못하지?' 하고 고민하게 됩니다. 자기애를 채우기 위해 SNS에 집착하게 되는 것이지만, 심적으로 부담이 가중되는 건 마찬가지인 셈입니다.

SNS의
친구를
줄여라

저는 최근 페이스북에 접속하는 빈도가 꽤 줄었습니다. 주변에서 그것과 관련해서 섭섭함을 토로하면 미안하다고 사과는 하지만, 앞으로도 자주 접속할 마음은 없습니다. 그리고 페이스북에 쓰게 되는 시간이 적지 않음을 잘 알았기 때문에 모바일 메신저는 하지 않기로 했죠. 모바일 메신저 역시 제 마음을 불편하게 만드는 원인이라는 사실을 깨달았기 때문입니다. 모바일 메신저를 하다 보면 상대방이 내 메시지를 읽었는지, 읽었는데 왜 답을 하지 않는지 알고 싶어 조바심을 내게 됩니다. 저는 메신저는 하지 않고, 대신 페이스북은 적당히 하기로 정해놓고 저 자신에게 부담되지 않도록 하고 있습니다.

물론 20~30대의 경우 메신저나 SNS를 완전히 하지 않을수는 없습니다. 주변 사람이 모두 하고 있는데 자신만 하지 않으면 소외된다고 느끼기 때문이죠. 그렇다면 사용 범위를 가능한 한 줄여보는 것이 어떨까요? 기능을 제한해서 이용할부분을 정하거나 가장 가까운 친구의 글에만 댓글을 다는 식으로 범위를 정하는 거지요. 사실 몇 명의 친구와 관계를 잘유지한다면 다른 사람과의 관계는 크게 신경 쓸 필요가 없습니다.

페이스북에 친구가 아무리 많다고 해도 분명히 그 안에 우선시하는 친구가 있을 것입니다. 그러니 SNS 하는 시간을 줄이고 싶다면, 꼭 댓글을 달고 싶은 사람이나 주제를 미리 정해놓는 겁니다. 범위를 10명 정도로 좁혀 두면 페이스북 때문에번거로울 일이 없습니다. 쓸 말이 없는데도 인맥을 늘리기 위해 억지로 '예쁘네요' '맛있어 보여요' 같은 댓글을 남기는 것도 그만둡시다.

친구 수가 많은 사람에게는 어느 정도의 결단력이 필요한결정입니다. 하지만 내 인생에서 가장 중요한 사람이 누구인지, 한 번 대담하게 정리해봅시다. 충분히 할 수 있습니다. 페이스북이나 메신저로 연결되지 않아도 전화번호를 알고 있으면 그 외의 사람들과도 최소한의 연락은 할 수 있으니까요.

메신저나 페이스북에 의존하면 자신을 남들과 비교하며 불쾌함을 느낄 횟수가 증가하므로 이용을 최대한 제한해보자는 겁니다. 누가 물어보더라도, "미안. 요즘 SNS는 별로 하지 않아서"라고 말하면 대부분은 공감하며 이해해줍니다. 여러분의 입장을 이해해주지 않는 사람은 친분을 쌓아도 큰 도움이 되지 못하므로 그 이상 친해지지 않아도 상관없죠. 따라서 **친구를 늘리려고 애쓰는 대신 과감히 친구를 줄여봅시다. 기분이 훨씬 편해질 것입니다.**

또 많은 사람이 페이스북에 개인정보를 기재하는데, 한 번 인터넷상에 올라온 정보는 완벽하게 삭제하기가 어렵습니다. 부주의하게 정보를 기재하는 것은 불편한 상황의 불씨를 제공합니다. 만에 하나라도 자신의 사진이나 정보가 잘못된 일에 이용된다면 굉장히 화가 나고 걱정도 되겠죠. 개인정보와 관련된 내용은 인터넷에 올리지 않는 것 역시 쓸데없는 걱정을 방지하기 위해 중요한 일입니다.

페이스북에
전부 댓글 달아주지 않으면
실망하겠지?

과감하게 정리하고,
나랑 친한 사람한테만
에너지를 쏟자!

자신에게 필요한 사람하고만
관계를 맺어도 됩니다.

♡✗   **어중간한 관계의**
     사람이
     가장 신경 쓰이는 법!

　　흔히 인간관계는 지나치게 가깝지도, 멀지도 않은
상태가 가장 좋다고 합니다. 어느 정도의 거리감이 필요하다
는 의미입니다. 하지만 지나치게 가깝지도 멀지도 않는 상태
가 누구에게나 좋다고 할 수는 없습니다.

　우리가 걸리는 마음의 병 중에는 다른 사람과의 상호작용을
두려워하는 사회 불안 장애 Social Anxiety Disorder, SAD 와 대인공
포증 Anthropophobia 이 있습니다. 대인공포증은 사람만을 대상
으로 하는 데 비해 사회 불안 장애는 사회적인 상황까지 포함
되므로 후자가 조금 더 폭넓은 개념입니다. 사회 불안 장애가

있는 사람은 일면식도 없는 불특정 다수를 무서워한다는 특징이 있습니다. 타인과의 관계가 무서워서 사람들 앞에 나서기도 싫어합니다. 반면에 대인공포증인 사람은 '타인에게 미움받지 않을까? 나를 불쾌하게 여기지 않을까?'라며 두려워합니다. 타인이 막연히 무섭다기보다 다른 사람이 자신을 어떻게 평가할지를 지나치게 불안해하는 것이죠.

대인공포증이 있는 사람은 가족이나 아주 친한 사람에게는 공포를 느끼지 않습니다. 또한 자신과 전혀 관계가 없는 불특정 다수에도 거의 공포를 느끼지 않죠. 따라서 전철로 통학이나 통근하는 데는 거의 문제가 없습니다. 가장 공포심을 느끼는 대상은 '반만 아는 사이'라고 할 수 있는 평범한 지인입니다. 같은 반의 친구나 직장 동료가 자신을 싫어하지 않을지 과도하게 신경 쓰는 것입니다. 그들이 두려워서 학교나 직장에 가기 싫어집니다. 이처럼 가깝지도 멀지도 않은 사람 때문에 불안해하는 것이 대인공포증입니다.

대인공포증인 사람은 어떤 사람을 '충분히 거리가 먼 사람' '나와 전혀 관계가 없는 사람'이라고 인식하면 공포를 느끼지 않게 되어 마음이 편해집니다. 또한 상당히 친해져서 상대를 충분히 가까운 사람이라고 인식하게 되어도 마음을 놓습니다. 어중간한 사람에게 가장 공포를 느끼는 셈입니다. 꼭 대인공포증에 걸린 게 아니라도, 이처럼 어중간한 지인과의 관계를 가장 신경 쓰는 사람이 많습니다.

SNS나 메신저에서 얽혀 있는 사람들은 대다수가 어중간한 사이의 지인입니다. 그중에는 당연히 친한 친구도 있겠지만, 친구 수가 많은 사람이라면 가깝지도 멀지도 않은 사이의 지인 역시 많을 수밖에 없습니다.

그런 의미에서 SNS는 대인공포증처럼 어중간한 사이의 사람들에게 신경을 많이 쓰는 경우, 가장 멀리해야 할 소통 수단입니다. 어중간한 사이인 사람이 나를 어떻게 생각할지 매우 신경 쓰이므로 새 글 목록에 뜨는 누구에게나 댓글을 남기거나 '좋아요'를 누르게 되죠. 또 자신의 글이 누군가에게 기분 나쁜 내용은 아닌지, 실수하는 건 아닐지 전전긍긍합니다. 글 하나를 쓰는 데도 이런저런 생각에 오래 걸리죠. 그러다 보면 심신의 에너지가 점점 소모됩니다. 이쯤 되면 도대체 누구에게 좋으라고 SNS를 하는 걸까요? 여러분 자신을 위해서 SNS를 시작한 것 아니었나요? 이처럼 어중간한 거리의 사람들을 불편하게 느끼는 사람이라면 SNS 친구를 극단적으로 줄이거나 일절 하지 않는 편이 낫습니다. SNS는 마음을 불편하게 만드는 원인이 될 뿐입니다.

바람직한 기분 전환법
vs
바람직하지 않은 기분 전환법

화가 난 상황을 빨리 벗어나기 위해서 다른 일에 몰입해야 한다고 말했습니다. 자신이 좋아하는 것을 하는 게 가장 효과가 좋은 만큼, 기분 전환 방법으로 게임을 하는 사람도 있습니다. 최근에는 유익하면서도 재미있는 게임이 많이 나와 있으므로 게임이 꼭 나쁜 것은 아닙니다. 다만 몇 시간씩 과도하게 즐기다가 중독돼버리면 게임에 모든 것을 의존하게 될 수도 있습니다. 그러면 무분별하게 돈을 쓰기도 하고, 다른 할 일은 제쳐둔 채 무제한으로 게임에만 시간을 투자하기도 합니다.

사소한 일로도 쉽게 기분이 상하는 사람은 앞에서 살펴봤듯 자기애가 부족한 경우가 많기 때문에, **마음을 채우려고 다른 것에 의존하기 쉽습니다.** 다른 취미는 아무리 즐거워도 끝이 있죠. 예를 들어 책은 분량이 정해져 있고, 영화에는 러닝 타임이 있습니다. 운동은 하다 보면 체력적으로 지치는 데 비해 게임은 보상이 크고, 자극적인 요소가 많아서 하면 할수록 더 하고 싶어집니다. 따라서 적당한 지점에서 그만두지 못하는 사람에게는 게임이 기분 전환의 수준을 넘어서므로, 다른 방법을 고르는 편이 낫습니다.

게임 외에 술, 도박 등도 지나치게 의존하기 쉬운 취미입니다. 기분 전환을 하려다가 어느새 그것에만 매달리게 되죠. 도박의 경우는 가끔 돈을 따면 굉장한 쾌감을 느끼게 됩니다. 마음이 채워져 있지 않아 불만 가득한 사람에게 이 쾌감은 마치 다른 세상에 온 것 같은 자극을 주므로 당연히 계속하고 싶어집니다. 하지만 결국 자신이 투자한 만큼 돈을 딸 수 없는 것은 당연하므로 원금을 찾기 위해 도박에 점점 더 빠지게 되고, 마침내는 다시 기분이 나빠질 가능성이 큽니다.

특히 게임 소프트웨어나 도박 프로그램은 처음부터 사람들이 중독되어 더 오래 할 수 있도록 계획되고, 만들어집니다. 그런 술책에 감쪽같이 빠지지 않아야 합니다. 게임, 도박, 술

등은 단기적으로는 스트레스를 해소해주지만 장기적으로 보면 큰 부작용을 낳습니다. 안정제 같은 약물도 마찬가지입니다. 화를 잘 내는 사람에게 화를 낼 때마다 안정제를 내밀면, 나중에는 아주 사소한 화가 날 때도 안정제를 찾는 버릇이 생깁니다.

의존성이 높은 일은 마음의 부담을 줄여주기는커녕 오히려 늘리는 경우가 많습니다. 적당한 지점에서 멈출 자신이 없다면 부담이 가중되는 방법은 처음부터 피하는 편이 좋습니다.

♡× 피곤하면
작은 일에도
쉽게 화가 난다

짜증을 가라앉히려면 컨디션 조절도 중요합니다. 사람은 컨디션이 나쁠 때 기분이 쉽게 나빠지기 때문입니다. 여러분은 피곤할 때, 별것 아닌 이유로 분노를 터뜨린 경험이 없나요? 피곤하면 효율이 낮아져서 어떤 작업도 순조롭게 이루어지지 않습니다. 일이 순조롭게 풀리지 않으면 더욱 안절부절못하게 됩니다.

뇌 과학의 관점에서 말하자면 기분이 안 좋아지는 것은 뇌의 작용에 문제가 생겼기 때문입니다. 뇌의 작용이 둔해지면 감정 조절이 안 되어 기분이 쉽게 상합니다. 피곤할 때는 뇌의 작용이 둔해집니다. 그래서 누군가에게 필요 이상으로 감정을 분출하거나 분노를 터뜨리게 되죠. 피곤해서 마음에 여유가 없으므로 무슨 말을 들어도 성가시고 짜증이 납니다. 따라서 **쉽게 짜증 내지 않으려면 평소에 피로를 해소해서 컨디션을 조절해야 합니다.**

수면 부족도 컨디션을 저하시킵니다. 가끔 잠이 모자라는 정도라면 어쩔 수 없지만, 지속적인 수면 부족은 기분을 항상 우울하게 만듭니다. 특히 잠에서 막 깼을 때 기분이 좋지 않다는 사람이 꽤 많습니다. 수면 부족인 사람일수록 불쾌함이 강합니다. 아침을 개운하게 시작해야 하는데, 그렇지 못하니 하루 종일 기분이 나쁠 수밖에 없죠. 게다가 보통 사람은 일어나 몸을 움직이거나 햇볕을 쬐면 기분이 풀리지만, 수면 부족인 사람은 오전 내내 우울한 상태가 이어지기도 합니다. 그러니 며칠 동안 연속해서 기분이 안 좋다면, 충분히 잠을 잤는지부터 확인해봅시다.

부족한 잠을 채우기 위해 낮잠을 자는 방법도 바람직합니다. 다만 낮잠을 지나치게 오래 자면 밤에 잠이 오지 않으므로, 오히려 역효과입니다. 점심시간에 5~15분 정도, 짧게 눈을 붙이는 정도가 적당합니다. 적당한 시간 동안 낮잠을 자고 눈을 뜨면 기분이 상쾌해질 것입니다.

낮잠을 잘 때도 주의할 점이 있습니다. 저는 대개 매일 낮잠을 자는데, 한창 자는 와중에 전화벨 소리가 요란하게 울리면 본의 아니게 심기가 불편해집니다. 따라서 지인들에게 낮잠을 잔다고 알리고, 낮잠 시간대에는 벨소리를 무음으로 바꿔놓고 연락을 받지 않습니다. 이처럼 짧은 시간 동안 충분히 휴식할 수 있도록 주변 환경을 미리 조성하는 편이 좋습니다.

마지막으로 과음해서 숙취가 풀리지 않은 상태일 때도 컨디션이 나빠집니다. 숙취로 불쾌함을 느껴본 사람은 잘 알겠지요. 술을 마시면 그 당시는 기분이 좋지만 과음하면 알코올이 몸에서 빠져나갈 때까지 불쾌한 상태가 이어집니다. 속이 쓰리고, 울렁거리니 일에 집중할 수 없는 것도 당연합니다. 그러니 과음하지 않는 것도 마음을 편하게 하기 위해 중요합니다. 당연한 것 같지만, 의외로 이 사실을 모르는 사람들이 많습니다. 또, 알면서도 쉽게 지키지 못하는 일이기도 합니다.

2장 마음의 부담을 확실히 줄이는 방법

3장

중요한 일에
집중하는 연습

목표를 낮추면 지금 누리는 행복이 보인다

자신의 마음이 텅 비어 있다고 생각하는 사람이 많은데, 과연 정말로 그럴까요? 물론 부족한 부분도 있겠지만, 채워져 있는 부분도 분명히 있을 것입니다. 먼저 자신이 가진 것으로 시선을 돌려봅시다. 지금 누리고 있는 사소한 행복을 생각해보는 것입니다.

돈을 적게 번다면 생활하기에 어려운 면이 분명히 있지만, 어떤 의미로는 건강하고 평범한 것만으로도 행복입니다. 아픈 사람은 건강한 사람이 세상 누구보다 부럽지 않을까요? 굳이 남과 비교하라는 뜻이 아니라 맛있는 음식을 먹는 일, 좋아하는 음악을 듣는 일, 재미있는 영화를 보는 일, 날씨 좋은 날 기분 좋게 산책하는 것도 전부 행복입니다.

인간관계에서 누리는 행복도 생각해봅시다. 특별한 용건이 없어도 연락할 수 있는 친구가 한 사람이라도 있다면 여러분은 행복한 사람입니다. 속마음을 털어놓을 수 있는 든든한 상대니까요. 가족과 좋은 관계를 유지한다면 마찬가지로 여러분은 행복한 사람입니다. 화목한 가족 관계는 우리에게 행복을 줍니다.

목표를 높게 잡아 위를 올려다보면 끝이 없지만, 가까운 곳에도 행복은 얼마든지 널려 있습니다. 주변으로 시선을 돌리면 마음이 조금 채워진 기분이 듭니다. 행복은 물질적인 것과는 크게 관계가 없습니다. 연봉 3,000만 원 미만인 사람보다 연봉 1억 원을 받는 사람이 행복하고, 연봉 2억 원을 받는 사람은 한없이 행복할까요? 그것은 억측에 불과합니다.

실제로 노벨 경제학상을 받은 프린스턴대 교수인 다니엘 카너먼Daniel Kahneman에 따르면 돈과 행복도가 비례해 마냥 높아지는 것은 아니라고 합니다. 가구소득이 상이한 집단을 비교한 결과, 일정 소득을 넘어서면 행복도에 별 차이가 큰 차이가 없었습니다. 예를 들어 연간 가족소득이 9만 달러를 웃도는 집단에서 자신이 "매우 행복하다"고 답한 응답자의 비율은 43%로, 연간 가족소득이 5만~8만 9,999달러인 집단에서 동일한 응답을 한 사람의 비율인 42%보다 단지 1% 높았을 뿐입니다(다만 소득 격차가 큰 집단 사이에서는 행복도에도 차이가 있었습니다).

친구가 많은 사람이 꼭 행복한 것도 아닙니다. 자신이 얼마나 만족하는지가 중요합니다. 친구 수는 많지만 정작 자신의 고민을 털어놓거나 우울한 날 만날 수 있는 친구는 없을 수도 있죠. **인생에서 중요한 것은 양보다 질입니다. 목표를 높게 설정하는 게 나쁘다고 할 수 없지만, 이룰 수 없는 목표를 세워놓고 우울해할 거라면 차라리 아래를 내려다보는 게 낫습니다. 주변을 돌아보면 많은 행복이 보이니까요.** 지금 자신이 누리고 있는 작은 기쁨을 알아차리는 사람은 아무리 힘든 상황에 놓여도 쉽게 기분을 바꿀 만한 일을 찾아냅니다. 그런 사람은 매사에 조바심을 내는 일 없이 평온한 기분을 유지할 수 있습니다.

기분이 좋아지는 TIP

목표를 높이면

세상에는
이룰 수 없는 목표가
너무 많아.

목표를 낮추면

생각보다 많은 행복을
누리고 있었잖아?

이룰 수 없는 목표를 세워놓고
우울해하지 마세요.

생각보다 긴 인생, 느긋하게 멀리 내다보자

우리 주변에는 마음이 급해서 매사에 안절부절못하고 기분이 쉽게 나빠지는 사람이 많습니다. 목표가 높으면 높을수록 그곳에 도달하기까지 시간이 걸립니다. 그 사실을 무시한 채, 목표를 당장 달성하고자 하면 당연히 마음이 조급해집니다.

어려운 자격증을 목표로 한다면 어떨까요. 자신의 상황을 객관적으로 판단해보고, '3년 안에 자격증을 취득하자'라고 정하면 3년이라는 여유가 생깁니다. 3년 만에 달성하기 어렵다고 생각하면 5년으로 늘려도 됩니다. 5년이 걸려서라도 취득할 가치가 있는 자격증이라면 시간은 별로 관계가 없습니다.

아파트를 사고 싶지만, 지금 연봉으로는 도저히 가망이 없을 것 같아 스트레스를 받는 상황이라면 '10년 후에 아파트 구매하기'라는 식으로 조금 멀리 내다보면 됩니다. 어차피 고민해봤자 아파트를 당장 살 방법은 거의 없습니다. 생각을 바꾸면 초조해하지 않고 자기만의 방식으로 계획을 진행해갈 수 있습니다. 그리고 자기만의 방식으로 꾸준히 나아가야 인생도 편안한 기분으로 살아갈 수 있습니다.

인생은 짧은 듯해도, 사실 깁니다. 따라서 기간을 느긋하게 설정하고 생각하는 일은 매우 중요합니다. 인생이 길다고 생각하면 사소한 일에 신경 쓰지 않게 되므로 자연히 조바심이 줄어듭니다. 너무 느긋한 소리 아니냐고 물을 수도 있겠죠. 하지만 '가능한 한 빨리 성과를 인정받아서 초고속 승진하고 싶다'고 생각하는 사람보다 '뭐, 정년까지 부장 정도만 된다면 그런대로 괜찮은 인생이겠지'라고 생각하는 사람이 훨씬 의연하게 직장생활을 할 수 있습니다. 여유로운 모습 덕에 오히려 거물처럼 보여서 빨리 출세할지도 모릅니다.

기간을 오래 두고 보면, 한두 번쯤 실패하더라도 크게 좌절하지 않게 됩니다. 한 번 실패했다고 침울해지기보다 '누구라도 실패할 수 있어. 지금 그 원인을 알아놓고 다음에는 실수하지 말자'라고 대담하게 생각하는 편이 인생 전체에서는 성공하는 방법입니다.

중학생 자식을 둔 부모 중에는 아이를 좋은 고등학교에 보내는 데 실패하면 "이제 틀렸어"라며 과도하게 침울해하는 사람이 있습니다. 좋은 고등학교에 가야만 명문대로 진학하는 게 쉬워지고, 비슷한 수준의 친구를 사귈 수 있다는 것입니다. 하지만 입시 결과는 이미 나온 상황입니다. 상황을 바꿀 수 없다면 '3년 후에 좋은 대학에 들어가도록 도와주면 돼'라고 생각하는 게 훨씬 나은 결과를 얻을 수 있습니다.

일류 사립학교나 특목고에 들어가도 명문대에 들어가지 못하는 아이가 있습니다. 반대로 사립 고등학교에는 떨어졌지만 목표하는 대학에 들어가는 아이도 많죠. '지금 당장'이 아니라 '3년 후'가 승부라고 마음을 바꾸면, 당장의 실패는 큰 상관이 없어집니다.

대학 수능 시험도 마찬가지입니다. 원하는 대학에 가지 못했어도 사회에 나가서 성공한 사람은 얼마든지 있으므로 대학에 떨어진 정도로 끙끙대며 고민할 필요는 없습니다. **인생은 길기 때문에 얼마든지 만회할 수 있습니다.** '이제 나에겐 올라갈 일만 남았어'라고 긍정적으로 생각하면 됩니다.

고민해도 별수 없는 일은 생각하지 않는다

'그들이 나를 정말 친구로 생각할까?'

'혹시 나만 알게 모르게 따돌림당하는 중은 아닐까?'

'무리에서 나보다 다른 친구들끼리 더 친한 건 싫어.'

새로운 사람을 만날 때마다 항상 불안해하는 사람이 있습니다. 하지만 상대가 자신을 좋아하는지 싫어하는지는 혼자서 아무리 생각해봤자 알 수 없습니다. 뇌 과학자 요로 다케시養老孟司 교수는 상대가 자신을 실제로 어떻게 생각하는지 알 방법은 없다고 말했습니다. 이야기해보면 상대의 속마음을 알

3장 중요한 일에 집중하는 연습

수 있다고 생각하는 것은 착각이며, 진짜 소통을 하기 위해서는 서로 마음의 벽을 허물어야 한다고 말합니다. 사람들 사이에는 '바보의 벽'이 세워져 있어서, 자신의 입장에서 상대방을 아무리 생각해봤자 서로 이해할 수 없다는 말입니다.

여러분이 뭐라고 말하든 어떻게 받아들일지는 상대에게 달려 있습니다. 상대를 만났는데 유난히 피곤해 보이는 탓에 "오늘은 들어가서 쉴까?"라고 물었다고 합시다. 이때 상대의 반응은 어떨까요? 마침 피곤했다며 고맙다고 할 수도 있고, 일찍 들어가고 싶은 거냐며 화를 낼 수도 있습니다. 상대의 반응은 이쪽에서 아무리 예상하려고 해도 헛수고일 뿐입니다.

상대가 나를 좋아하든 싫어하든, 여러분이 할 일은 바뀌지 않습니다. 상대가 여러분에게 호감을 품고 있다면 여러분이 할 일을 했을 때 제대로 된 결과가 나올 것입니다. 하지만 상대가 여러분을 싫어한다면 같은 상황이라도 좋은 결과가 나오지 않을 수도 있습니다. 결국 어느 쪽이든 자신의 입장에서 최선을 다하면 됩니다.

사람들은 '상대의 기분을 생각해서 자신의 행동을 바꿔야 한다'고 착각하지만, 모든 상황에서 그렇게 애쓸 필요는 전혀 없습니다. 내가 상대방을 얼마나 생각하는지 상대방은 모를 뿐 아니라, 무엇보다 내가 상대방을 생각해서 한 행동이 그렇지 않았을 때보다 더 나을지는 전혀 알 수 없기 때문입니다. 상대방을 배려한다고 엄청나게 신경 썼는데, 상대방이 기뻐하지 않거나 다른 것이 더 좋다고 말하면 얼마나 허탈할까요? 여러분에게 아주 중요한 인간관계이거나 절대 잃어서는 안 되는 거래처 사람이라면 그의 성향을 최대한 고려할 필요가 있지만, 그 이외의 상황에서 그렇게까지 노력할 필요는 없습니다.

모든 상황에 마음을 쓰면 금세 지칩니다. 대부분의 경우에는 자기다운 행동을 일관적으로 하다 보면 저절로 결과가 따라옵니다. 원하는 결과가 나오지 않을 수도 있지만, 그럴 때는 아무리 깊게 생각했다고 해도 마찬가지였을 확률이 큽니다. 결국 생각하느라 들인 시간까지 낭비하는 셈입니다. 그러니 어떻게든 될 것이라는 생각으로 자기 마음대로 하는 편이 마음 편합니다.

어떻게든
되겠지~

주변은 신경 쓰지 말고
자기만의 방식대로 하는 편이 낫습니다.

♡✕ 20%는 덤!
지나치게 벅찬 일은
깨끗이 포기하라

　　일도, 취미도, 인간관계도 모두 완벽하게 해낼 수는 없습니다. 따라서 지친다면, 어느 지점에서 과감하게 포기하는 수밖에 없습니다. 하지만 어떤 일이든 한번 시작하면 끝까지 포기하지 못하는 사람들이 있습니다. 그들은 무슨 일이든 처음부터 끝까지 철저하게 하려고 애씁니다. 예를 들어 청결에 대한 강박증이 있는 사람은 더럽다고 생각하는 물건을 만진 후에 손을 씻지 못하면 불안해합니다. 세균을 완전히 없애야 깨끗하다고 생각하는 것입니다. '세균을 완전히 없앨 수는 없어' 혹은 '세균이 조금 있다고 해도 안 죽어'라고 생각하면 강박증에서 해방되겠지만, 갑자기 그 사실을 받아들이기는 쉽지 않습니다.

현실적으로 세상에서 세균이 완전히 없어질 수는 없습니다. 게다가 유익한 세균도 분명히 존재합니다. 예를 들어 장내에는 장내 세균총이라는 많은 양의 세균이 인간과 공존하고 있습니다. 이 약독성 세균은 인간에게 해를 끼치기는커녕 인간의 면역력을 높이는 작용을 합니다. 따라서 세균이 완전히 없어지면 오히려 곤란합니다.

하지만 손 씻는 데 강박증이 있는 사람은 모든 세균은 더러우니까 완전히 없애야 한다고 믿습니다. 그런 사람의 습관을 고치고 싶다면 어떻게 접근하는 게 좋을까요? 강박증이 있는 사람들도 '세균을 완전히 없앨 수 없다'는 말은 비교적 쉽게 받아들입니다. 말 그대로 '어쩔 수 없는 사실'이기 때문입니다. 아무리 손을 씻어도 세균을 완전히 없앨 수는 없다고 생각하면 조금씩 강박 증상이 완화될 것입니다.

친구 관계에서도 마찬가지입니다. 초등학교에서는 '모든 친구와 사이좋게 지내야 한다'라고 가르치는 경향이 있습니다. 그 탓인지 주변 사람 모두와 좋은 관계를 유지해야 한다고 믿는 사람이 많죠. 하지만 상식적으로 성격이나 취향이 다른 사람 모두와 잘 지낼 수는 없는 노릇입니다. 물론 잘 지내면 좋겠지만, 다른 사람과 대화하기 위해 좋아하지도 않는 드라마를 보거나 불편한 모임에 참석하면서까지 억지로 노력할 필요는 없습니다. **어떤 일이든 80% 정도 이뤘다면 충분합니다. 나머지는 포기해도 됩니다.**

능력이 뛰어난 사람일수록 80% 정도를 할 수 있으면, 남은 20%도 채울 수 있다고 믿습니다. 남은 분량도 얼마 되지 않아 보이고, 이왕 시작한 일이니 완벽하게 끝내고 싶어지죠. 하지만 지나치게 일을 떠맡다가 쌓이는 업무량에 치여 이러지도 저러지도 못하게 됩니다.

보통 완벽주의자는 애초에 목표를 남들보다 높게 잡는 경우가 많습니다. 그러니 어떤 일이든 80% 정도 이뤘다면 다른 사람보다 더 완성한 셈이므로 나머지 20%는 덤이라고 생각합시다. 그러면 초조해하지 않고 앞으로 나아갈 수 있습니다. 자신이 할 수 있는 적당한 수준으로 기준을 정하고, 그 이상의 일은 깨끗이 포기하는 편이 현명합니다.

♡_× # 다른 사람은
당신의 실수를
기억하지 못한다

　　　한 번 실패하면 '이제 안 돼' '전부 끝이야'라고 생각하는 사람이 많습니다. 하지만 '모두 끝났다'고 생각하면 정말로 그곳에서 멈추고 맙니다.

　　최근 회복탄력성 Resilience 라는 개념이 자주 거론됩니다. '다시 일어서는 힘'이라는 의미입니다. 회복탄력성이 있는 사람은 실패하거나 역경에 처해도 처음부터 시작하는 대신, 넘어진 그곳에서 다시 일어설 수 있습니다. 그들은 실패에서 교훈을 얻기 때문에 실패 이전보다 더욱 강한 사람으로 부활합니다. '모든 실패에는 반드시 배울 점이 있다' '몇 번이라도 다시

할 수 있다'라고 생각하면 어떤 일에든 쉽게 도전할 수 있습니다.

무언가를 달성하는 사람은 한 번도 실패하지 않는 사람이 아니라, 실패해도 된다고 생각하는 사람입니다. '실패하면 안 돼' '실패하면 어쩌지' '창피당하고 싶지 않아'라고 생각하면 어떤 일에도 도전하지 못합니다. 그런 사람은 결국 아무것도 하지 못한 채 시간만 흘려보내게 됩니다.

세상 사람들은 생각보다 타인의 사소한 실패를 기억하지 못합니다. 오히려 성공한 부분을 더 기억해줍니다. 사회적으로 성공한 사람은 모두 실패를 경험했습니다. 애플의 창업자인 스티브 잡스 Steve Jobs 도 신제품을 출시했다가 실패한 적이 여러 번 있습니다. 하지만 세상 사람은 잡스의 실패작에는 관심이 없고, 잡스의 성공만을 기억해 '디지털 시대의 선구자'라고 부르죠. 여러분은 '애플Ⅲ'나 '리사'를 기억하나요? 혹은 이렇게 실패한 적이 있기 때문에 스티브 잡스는 무능력한 사람이라고 생각합니까? 사람들이 떠올리는 잡스의 제품은 맥, 아이팟, 아이폰, 아이패드 등입니다. 실패작도 있지만, 동시에 대히트 제품을 개발한 잡스는 대단한 사람이라고 칭송받게 되었습니다.

실패를 거듭하더라도 한 번만 성공을 거두면 주변 사람들

은 이전의 실패를 잊습니다. 그러니 실패를 별로 두려워할 필
요는 없습니다. 실패해도 좋다는 마음으로 여러 가지 일을 시
도하다 보면 단 한 군데서라도 성공을 맛볼 수 있을 것입니다.

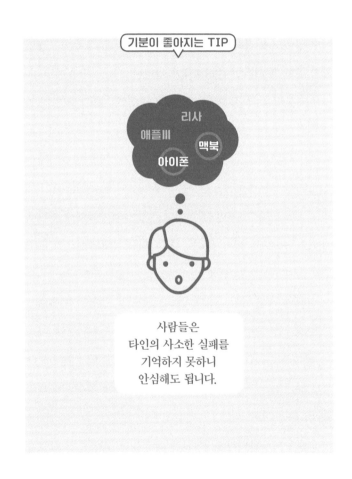

기분이 좋아지는 TIP

사람들은
타인의 사소한 실패를
기억하지 못하니
안심해도 됩니다.

반짝스타가 될 수 있다면 그것만으로도 대단하다

연예계에는 잠깐 유명해졌다 사라지는 반짝스타를 낮게 취급을 하는 풍조가 있습니다. '언제 적 유행어야!' '다른 히트작은 없어?' '잠깐 유행했다가 사라진다면 능력이 그 정도밖에 안 되는 거야' 하며 무시하죠. 하지만 사실 반짝이라도 성공한다면 그것만으로도 대단한 일입니다. 잠시도 빛을 보지 못하고 사라지는 사람이 훨씬 더 많기 때문입니다.

반짝 인기를 끈 예능인은 그 인기가 사그라들어도 지방 공연 등을 하면서 살아갈 수 있습니다. 게다가 그들에게 관객이 요구하는 것은 새로운 작품이 아니라 그들이 이름을 날렸던 예전 작품입니다. 새로운 작품을 선보이면 심드렁해하는 경우가 많지만, 모두가 알고 있는 예전 개그를 하면 호응이 아주 좋습니다. 가수도 마찬가지로, 관객들은 신곡보다 대표곡을 듣고 싶어 하는 경우가 많습니다. 몇 년 전 노래라도 말입니다. 음식점을 하더라도 같은 조건의 일반인보다 상대적으로 유리합니다.

일반적인 회사 업무도 마찬가지입니다. 일단 단 한 번, 긍정적으로 눈에 띄는 것을 목표로 삼아봅시다. 사내에 '여성 타깃 상품의 광고 문구를 잘 쓰는 것은 ○○씨다'라는 인식이 생기면 그 사람은 다른 일에서 큰 실적을 올리지 않는다고 해도 누구도 불만을 제기하지 않습니다. 히트 상품을 개발하기 전까지 실패작이 여러 개 있었을지도 모르지만, 그 일에 대해서 역시 더 이상 언급하지 않게 되죠. **반짝스타라도 좋으니 무언가 눈에 띄는 일을 딱 한 번만 할 수 있으면 됩니다.** 실패를 두려워하지 않고 이것저것 하다 보면 가능한 일입니다.

다만 과정에서 반짝하고 빛나는 스타는 의미가 없습니다. 예를 들어 명문대에 다니거나 의대에 합격했다는 소식이 그렇습니다. 명문대나 의대 합격은 인생의 목표가 아니라 과정에 지나지 않죠. 그 이후에 뭔가 이어지지 않으면 가치가 없습니다. "명문대를 나왔는데 왜 저래" 혹은 "실력이 없는 의사네"

라는 말만 듣게 될 뿐입니다.

반면에 업무에서 성과를 내는 것은 과정이 아니므로 모두가 여러분을 기억해줍니다. 요행이라도 히트 상품을 만든다면 "저 사람 덕분에 모두가 먹고 산다"라는 말을 들을 수 있습니다. 중요한 것은 과정이 아니라 정말로 필요한 자리에서 반짝 스타가 되는 일입니다.

자잘한 실패에 얽매이면 자기 자신만 괴로워질 뿐

　이런저런 생각을 하다 보면 아무것도 하지 못하고 조바심만 납니다. 그러므로 쓸데없는 생각을 머릿속에서 내보내는 것이 마음이 불편해지는 일을 줄이기 위한 첫 번째 단계입니다. 쓸데없는 일을 생각하지 않으려면 어떻게 해야 할까요? 답은 간단합니다. 가장 중요한 일을 생각하는 거죠. 그러면 쓸데없는 일을 생각할 여유가 없어지고, 더욱더 중요한 부분에 집중할 수 있습니다.

　사람은 대의, 즉 자신이 정말 이루고 싶은 일을 위해 노력할 때 사소한 일은 어떻게 되어도 상관하지 않게 됩니다. 단 하나의 일만 제대로 하면 되므로 그 외의 일은 어찌 되어도 상관없기 때문입니다.

저는 영화감독으로도 일하고 있는데, 영화는 마지막에 관객에게 감동이나 메시지를 주는 것이 가장 중요합니다. 특별한 의도 없이 영화의 세부적인 부분에만 얽매이면 그저 꽉 막힌 감독이 됩니다. 세부적으로 작은 실수가 있더라도 관객들은 거의 신경 쓰지 않거나 넘어갑니다.

어떤 일이든 마찬가지입니다. **세부적인 부분이 조금 잘못되어도 가장 중요한 부분만 제대로 진행되면 큰 문제는 없습니다. 자잘한 실패에는 너무 얽매이지 않아도 됩니다. 작은 것에 집착해봤자 자기 자신만 괴로워질 뿐입니다.**

중요한 일에 집중한다는 사고방식으로 일을 처리하면 사소한 일은 신경 쓰지 않게 되어 마음이 훨씬 편해집니다. 하지만 사람들은 정말 중요한 일은 제쳐놓고, 자꾸만 사소한 부분에 얽매어서 노심초사하느라 시간을 허비하죠. 먼저 자신에게 중요한 일의 범위를 좁혀봅시다. 자신에게 중요한 일이 눈앞에 확실히 드러난다면, 그 외의 일은 저절로 어떻게 되어도 상관없어집니다.

일본에는 에도 시대에 일어난 '아코 로시赤穂浪士 습격 이야기'라는 일화가 전해집니다. '아코 번의 47명의 무사'라고도 불리는 이 이야기에는 오이시 구라노스케大石內蔵助라는 사람이 등장하는데, 그는 주군이 조정 칙사를 상처 입힌 일로 할복 처벌을 받자 47인의 무사를 통솔해서 복수를 감행합니다. 오이시 구라노스케는 대의를 위해 인생을 바친 것입니다.

모리타 요법에서도 '사소한 일로 고민하다가 중요한 일을 잊는다'라는 말이 자주 사용됩니다. 예를 들어 얼굴이 잘 빨개지는 사람은 그 일에 대해 고민하다가 정말로 중요한 일, 즉 얼굴 빨개지는 습관을 고치고 싶은 이유를 잊고 맙니다. 그래서 모리타 요법으로 치료할 때는 "지금 여러분에게 가장 중요한 일은 무엇입니까?"라고 질문을 던집니다.

얼굴이 잘 빨개져서 고민하는 사람의 경우, 처음에는 "얼굴이 시도 때도 없이 붉어져서 고민입니다"라고 말합니다. 눈앞의 일에만 신경 쓰는 경우, 얼굴이 빨개지는 현상을 없애는 약이나 얼굴이 빨개지지 않도록 단련하는 법 등을 먼저 떠올리게 됩니다. 그러나 "그걸 극복하고 싶은 이유가 뭔가요?"라고 물어보면 대부분의 사람은 "사람들에게 호감을 사고 싶습니다" "남들 앞에서 당당하게 이야기를 하고 싶습니다"라고 답합니다. 그러면 해결책으로 "그렇다면 얼굴이 빨개져도 타인에게 호감을 사는 방법을 생각해봅시다" "얼굴이 빨개진 채로도 자신있게 이야기할 방법을 생각해볼까요?"라고 제안하고, 그 방향으로 나아갈 수 있도록 지원하게 되죠.

손 씻는 데 강박증이 있는 사람에게도 마찬가지입니다. "어째서 세균을 전부 제거하고 싶나요?"라고 물으면 그들은 대부분 "건강하게 살고 싶어서요"라고 대답합니다. "그럼 건강하게 살 수 있는 방법을 생각해볼까요?"라고 제안하면, 규칙적인 생활습관이나 채소 위주의 식단 등 다른 방법을 떠올리게 됩니다. '고민하는 진짜 이유'에 관해 묻다 보면 사소한 일 때문에 화내는 경우는 줄어들고, 훨씬 중요한 일을 먼저 고민하게 됩니다. 중요한 일로 시선을 돌리면 사소한 일을 잊을 수 있습니다. '사소한 일 때문에 중요한 일을 잊는 사람'에서 '중요한 일을 고민하느라 사소한 일은 잊는 사람'으로 바뀌어야 합니다.

여러분에게 중요한 일은 무엇인가요? 원만한 부부 관계, 원활한 대인관계 등 여러 가지가 있을 것입니다. 그것만 생각해봅시다. 사소한 일로 고민하는 사람은 눈앞의 길만 보고, 이 길밖에 없다고 믿는 경향이 있습니다. 사실은 바로 옆으로 고개만 돌려도 새로운 길이 있는데 말입니다. 길이 하나밖에 없다고 생각하면 지금 걷고 있는 길이 막다른 길이라는 것을 알았을 때, 눈앞이 완전히 캄캄해집니다. 하지만 중요한 일을 생각하는 사람은 넓은 시야로 바라보기 때문에 여러 갈래의 길을 발견할 수 있습니다.

인생에는
여러 갈래의
길이 있다

    세상에는 여러 갈래의 길이 있습니다. '다른 곳에도 길은 있다' '지금 하는 일에 실패한다면 다른 길을 찾아야지'라고 생각하면 여유가 생기므로 사소한 일로 고민하지 않게 됩니다. 저는 현재 의사이자 교육 사업을 하고, 영화감독으로도 일하고 있습니다. 그래서 '이게 안 되면 저게 있잖아'라고 생각합니다. '뭐, 뭘 해도 밥은 먹고살겠지' 하는 마음입니다. 이런 마음가짐이면 먹고사는 일로는 고민하지 않게 되므로, 사소한 실패에도 그다지 신경 쓰지 않을 수 있습니다.

    여러 직업이 있어야 가능한 말이 아니냐고 생각할 수도 있겠지만, 사실 이건 마음가짐의 문제입니다. **다양한 길을 가진 사람이 미래에 대해 더 많이 고민할 듯하지만, 실제로는 반대입니다. 'A가 안 되더라도 B가 있다' 'B가 안 되더라도 C가 있다'라고 생각하면 당장 작은 문제가 생기더라도 침착하게 대처할 수 있기 때문이죠.** 반면 이것밖에 없다고 믿게 되면 자꾸만 고민할 수밖에 없습니다.

'이 일이 제대로 되지 않으면 어쩌지. 해고되는 게 아닐까?'
'30년 후에 밥은 먹고살 수 있을까?'
'내가 회사를 그만두면 가족은 어떻게 될까? 아이의 교육비랑 대출은 어떻게 하고?'

플랜A, 플랜B, 플랜C 등 몇 갈래의 길을 가지고 있다고 생각하면 오지도 않은 미래 때문에 노심초사하지 않을 수 있습니다. 실제로도 평생 직장 한 곳만을 다니거나 하나의 직업만을 갖는 사람은 거의 없습니다. 한 가지 일을 한다고 해도 그 안에서 세부적인 일이 계속 바뀌기도 하죠. 변화가 두려워서 걱정할 필요는 없다는 뜻입니다. 남녀 관계로 말하자면 '평생 이 사람밖에 없다'고 생각하는 사람은 이성에게 차였을 때 끈질기게 매달리는 경향을 보입니다. 반면에 '이 사람도 괜찮지만 헤어진다면 다른 사람을 만나야지, 뭐'라고 생각하는 사람은 곧 새로운 연애를 합니다. 좋다 나쁘다를 떠나서, 이런 사고방식을 가진 사람은 한 번의 연애 실패로 깊게 실망하거나 고민하지 않는다는 말입니다. 전 애인에게 다시 연락 올 확률도 오히려 높습니다. **하나의 길밖에 없다는 믿음이 결국 여러 가지 고민거리를 만드는 셈입니다.** 실제로는 엄청나게 많은 길이 있는데도 말입니다.

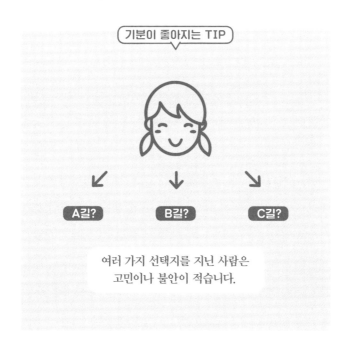

여러 가지 선택지를 지닌 사람은
고민이나 불안이 적습니다.

♡✕ 타인의 가치관에 휘둘리지 않는다

      주변 사람의 가치관에 자신을 맞추려고 하는 사람은 항상 마음이 불편합니다. 타인을 관찰하고 신경 써야 하니 당연히 조바심을 낼 수밖에 없죠. 예를 들어 최신 유행에 민감한 사람은 잡지에서 '올해 유행하는 헤어 스타일'이라는 특집 기사를 읽으면 자신도 그렇게 해야겠다고 생각하는 경향이 있습니다. 얼마 지나지 않아 '진짜 멋진 사람은 이렇게'라는 기사를 보면 다시 자신을 바꾸려고 합니다. 이렇게 누군가의 가치관에 맞추려고 하면 이리저리 휘둘리게 됩니다.

  실제로 좋아하는 이성이 자신을 어떻게 생각할지는 알 수 없습니다. 긴 머리를 좋아할지, 짧은 머리를 좋아할지 모릅니다. 또한 기호라는 것은 의외로 쉽게 바뀝니다. 머리가 긴 여자 연예인 덕분에 이상형이 한순간에 바뀔 수도 있습니다. 상대가 마른 사람을 좋아할지, 통통한 사람을 좋아할지, 어떤 스타일의 옷을 좋아할지를 생각한들 끝이 없으므로 그냥 자신이 원하는 대로, 자신이 가장 매력적으로 보이는 방법을 찾는 편이 낫습니다. 게다가 상대가 좋아하는 스타일에 평생을 맞출 수도 없는 일입니다.

우리는 데이트를 하기 전에 '첫 데이트로 좋은 장소' '소개팅 성공 음식점' 등을 검색하며 상대가 좋아할 만한 음식점을 고르려고 합니다. 무리해서라도 《미쉐린 가이드》에서 별 3개를 받은 가게에 가면 데이트에 무조건 성공하리라고 믿는 사람도 있습니다. 그러나 그 가게가 상대방 마음에 든다는 보장은 없습니다.

기본적인 예의만 지킨다면, 차라리 자신이 가보고 좋았던 음식점을 고르는 게 후회가 적습니다. "전에 먹어봤더니 정말 맛있더라고. 너도 좋아할 것 같아서 이 가게로 정했어"라고 말하는 편이 상대에게 깊은 인상을 남깁니다. 첫 데이트라면 대놓고 "나는 이런 가게 싫어"라고 말하는 사람은 없을 것입니다. 만약 그런 말을 할 수 있다면 이미 속마음을 터놓는 관게이겠지요. 그건 그것대로 좋은 징조입니다.

애당초 데이트를 한 번 실패한 정도로 좌절해서는 깊게 교제할 수 없습니다. 이런 곳은 좋아하지 않는다는 것만 알아도 성과가 있습니다. 다음에 다른 가게에 가면 "이런 가게에 오고 싶었어"라고 취향을 말해줄지도 모릅니다. 그렇다면 처음의 실패를 통해 배운 셈이죠. 남성이든 여성이든 일단은 자신이 하고 싶은 대로 해보고, 실패한다면 그 경험을 살려서 다음번에 만회하면 됩니다.

3장 중요한 일에 집중하는 연습

네가 뭘 좋아할지 모르니,
내가 제일 자신 있는 걸로
준비했어!

평생 상대방의 기호에
나를 맞출 자신이 없다면
차라리 내 그대로를
보여주는 편이 낫습니다.

분위기만 읽다 지쳐 인생을 즐기지 못한다면?

우리 사회에는 '분위기를 못 읽는다' '분위기를 깬다'며 눈치 없는 것을 부정적으로 여기는 풍토가 있습니다. 또 남들에게 눈치 없다고 보일까 봐 걱정하는 사람도 많지요. 그러나 어떤 모임에 가서든 분위기를 파악하려고 애쓰다 보면 인생은 즐겁지 않습니다.

'지금 이런 말을 하면 여기 분위기를 깨뜨리는 게 아닐까?'
'여기서 나서면 분위기 파악을 못 한다고 하지 않을까?'

눈치 없는 행동을 할까 봐 걱정하다 보면 결국 아무 말도 할 수 없죠. 분위기를 깨뜨리는 것 자체는 대수롭지 않은 일입니다. 가령 친구 다섯 명이 "우리 뭘 좀 먹으러 갈까?"라며 대화를 나눈다고 합시다. 그중 네 명이 "파스타 먹을까?"라고 대답했을 때, "나는 초밥이 먹고 싶은데…"라고 말하면 의견이 갈리므로 분위기가 어색해집니다. 하지만 분위기가 흐려졌다고 해서 그리 문제되는 것은 아닙니다. "나는 초밥이 아니면 싫어. 파스타는 절대 먹으러 가지 않을 거야"라고 우겨대지만 않는다면요. 이야기를 들으니 갑자기 초밥이 먹고 싶다며 메뉴를 바꿀 수도 있습니다. 단순히 자신의 기호를 말했을 뿐이므로 다른 사람이 여러분을 안 좋게 생각할 일은 없습니다. 또, 다음 날이 되면 나머지 네 명은 그 일을 잊을 것이 분명합니다.

다수와 기호나 의견이 다른 상황은 자연스럽게 벌어집니다. 모든 사람의 뜻이 일치하는 게 오히려 이상합니다. **사람의 성격이 각기 다르므로 의견이나 기호 역시 다를 수 있다는 생각으로, 처음부터 분위기를 파악하겠다고 애쓰지 않는 편이 마음 편합니다.**

주변 사람에게 미움받는 걸 두려워하면 눈치만 보느라 아무 말도 하지 못합니다. 그러나 세상 모든 사람이 자신을 좋아해

주는 일은 절대 없습니다. 반대로 아무런 죄가 없어도 누군가에게 미움받는 일은 흔하죠. 그러니 누군가가 여러분을 싫어할까 봐 필요 이상으로 두려워할 필요는 없습니다. 물론 다른 사람이 나를 미워한다고 상상하면 힘들겠지만, 미움받는 것은 누구에게나 일어나는 자연스러운 현상이라고 생각하면 됩니다.

회사에서도 많은 사람이 분위기에 따르기를 우선시하는 경향이 있습니다. 거의 합의가 이루어진 단계의 회의에서 다른 의견을 내놓으면 '이 사람은 뭐야? 분위기 파악을 못 하는 건가?'라고 여겨질 수 있습니다. 그러나 중요한 내용이라면 분위기가 나빠지더라도 지적해야 합니다.

예를 들어 상품의 포장 디자인을 결정하는 자리를 떠올려봅시다. 다수가 빨간색 바탕에 흰색 글씨가 쓰인 시안을 좋아합니다. 그런데 여러분은 인쇄하면 글씨가 잘 보이지 않을 것 같다는 생각이 듭니다. 그렇다면 말하는 게 좋습니다. 디자인 자체에 집중하느라 가독성은 간과하고 있을지 모르는 일이고, 디자인을 살리면서도 글자가 잘 보이도록 보완하는 방법을 찾을 수도 있습니다. 만약 여러분의 의견이 받아들여지지 않는다고 해도 괜찮습니다. 실제로 문제가 발생한다면 "그때 이 사람의 의견을 들을 걸 그랬어"라고 평가받기 때문입니다. 또한 회의에서 채택이 안 되더라도, 무언가 의견을 내는 사람이 아무 이야기도 하지 않는 사람보다는 좋은 평가를 받기 마련입니다.

조심해야 할 것은 분위기를 흐트러뜨리는 일이 아니라 '마음속 지뢰를 밟는 일'입니다. 분위기를 흐트러뜨리는 정도는 사소한 일이므로 사람들의 인상에 깊게 남지 않습니다. 그러나 상대가 가장 신경 쓰는 일을 언급하는 식으로 마음속 지뢰를 밟아버리면 상대는 끝까지 잊지 않고 계속 여러분을 원망하게 됩니다.

회의에서 "저번에 ○○씨가 괜찮다고 해서 진행했는데 불량이 생겼지 않습니까?"라는 식으로 실패를 콕 짚어 지적하면 상대방은 화가 날 수밖에 없습니다. 뜬금없는 상황에서 상대의 외모나 옷차림을 지적한다면 마찬가지로 지뢰가 터지게 됩니다. 마음속 지뢰를 터뜨리면 인간관계에 치명적인 금이 가므로 조심해야 합니다. 지뢰만 밟지 않는다면 '눈치 없는 사람'이라는 꼬리표를 달았다고 해도 실질적인 손해는 거의 없습니다. 그러니 눈치 없는 사람으로 불리기를 두려워하지 말고 자기만의 방식으로 의사를 표현하고, 주장을 밀고 나가봅시다.

마음이 가난한 사람은 상대하지 않는다

     세상에는 남의 험담을 좋아하는 사람이 많습니다. 실제로 타인의 험담만큼 분위기를 빠르게 달구는 것은 없을지도 모릅니다. 하지만 험담을 해서 무엇을 얻을 수 있을까요? 게다가 그 험담이 당사자의 귀에 들어갈 수도 있습니다. 그러니 주변 사람이 누군가의 험담을 해도 적당히 넘기는 편이 이상적입니다. "그렇구나" "그럴지도 몰라"라고 적당히 맞장구를 치면서 한 귀로 듣고 한 귀로 흘려보내는 거죠.

  중고생 중에는 따돌림을 당하고 싶지 않아서 누군가가 자리에 없는 친구의 험담을 시작하면 필사적으로 동참하는 아이들이 있습니다. 더 심한 말을 하는 사람이 그룹에서 우위에 서는 경우도 적지 않은 듯합니다. 함께 험담을 나누다가도 누군가 자리를 비우면 바로 그가 험담의 대상이 되는 경우도 종종 있습니다. 자신도 험담의 타깃이 될 수 있다는 사실을 알면서도, 따돌림을 당하는 것이 무섭다는 이유로 남을 헐뜯습니다.

어른이 돼서 중고생과 같은 행동을 하면 부메랑이 되어 자신에게 되돌아옵니다. 험담이 당사자의 귀에 들어가는 일은 아주 흔합니다. 상사의 험담을 했던 것을 들켜 자리에서 밀려나는 사람도 있죠. **이처럼 성인 사회에서는 주변 사람의 험담을 해서 얻을 수 있는 것이 거의 없습니다. 그러니 험담은 중고생이나 할 만한 수준 낮은 일이라고 생각합시다.**

다만 험담과 건전한 비판은 나눠서 생각할 필요가 있습니다. 필요한 일에 근거를 들어 비판하는 일은 험담이 아닙니다. 건전한 비판에는 동조하거나 적극적으로 의견을 내도 됩니다.

기술이 발전하다 보니, 지금은 인터넷에서 타인의 험담을 하는 사람도 많아졌습니다. 대부분 무책임한 소문이나 중상모략입니다. 그들은 대부분 현실 생활에서 자기애가 충족되어 있지 않은 사람입니다. 마음이 비어 있으므로 공허함을 남의 험담으로 채우려고 합니다. 분명 그런 글을 보면 불쾌하겠지만, 결국 '악플'에는 그의 불우한 상태가 투영되어 있으므로 그들을 비난하며 에너지를 쏟는 대신 가엾은 사람이라고 생각하며 넘어가면 됩니다.

메신저나 커뮤니티 등에서 누군가 내 험담을 할 수도 있습니다. 자신만 제외된 대화방에서 험담하는 것을 발견했다는 사람도 있죠. 그럴 때는 충격을 받고 분노가 치밀어 오르겠지만, 앞서 말했듯 험담하는 사람은 마음이 공허해서 불쌍한 사람이므로 가엾다고 생각하고 관여하지 않는 편이 마음 편합니다.

타인을 조롱하거나 괴롭혀서 기쁨을 얻는 사람은 상대의 반응을 즐깁니다. 반응이 없는 사람은 놀려도 재미가 없으므로, 예상대로 크게 반응하는 사람만 계속해서 건드리는 경향이 있죠. 지나치게 반응하면 괴롭힘이 단계적으로 확대되어 더 질 나쁘게 발전하기도 합니다.

험담이나 짓궂은 말을 쓰는 사람은 무시하는 것이 가장 좋습니다. 가능하다면 그런 사람이 있는 모임에서는 아예 빠져나옵시다. 인터넷 공간에는 많은 커뮤니티가 있으므로 즐겁게 정보를 교류할 수 있는 새 커뮤니티를 찾는 편이 좋겠습니다.

확률을 생각해서 포기할 일을 정하라

세상의 많은 일은 확률을 생각해보면 예측 가능합니다. 확률이 현저히 낮은 일은 아무리 노력해도 달성하기가 어렵죠. 따라서 꿈을 좇을 때는 조금이라도 확률 높은 방법을 생각해야 합니다. **사람들은 잘못된 확률 판단을 하는 경우가 의외로 많습니다. 성공 가능성이 꽤 높은 일은 불가능하다고 생각하고, 거의 불가능한 일은 가능하다고 믿죠.**

예를 들어 남자아이들의 대표적인 꿈은 우주비행사, 축구선수, 야구선수 등이 있습니다. 계산하기 쉽게 프로 야구선수를 생각해보면 일본에는 12구단이 있습니다. 각 팀에서 정규로 활약하는 선수는 15~16명 정도로, 전 구단을 합하면 정규 선수는 약 180명입니다. 한 선수가 10년 정도 활약하고 은퇴한다고 하면 교체 선수는 연간 18명입니다. 지금은 선수 수명이 길어졌으므로 교체 선수는 좀 더 줄어들어서 연간 10명 정도일 수도 있습니다.

매년 드래프트로 각 구단에 6명 정도가 들어가서 70명 정도가 프로 야구선수가 되지만, 고등학교 야구선수의 수를 생각하면 상당히 낮은 확률입니다. 게다가 그중에서 프로로 활약하는 선수는 10명밖에 안 됩니다. 구단에 들어간 선수 중에서도 정규 선수가 될 수 있는 것은 한 사람이 채 안 되는 정도인 셈입니다(현재 한국은 10구단으로 운영되고 있으며, 1차·2차 지명으로 각 구단당 총 11명을 뽑는다-편집자 주).

프로 야구선수가 될 확률이 이 정도로 낮은데 '프로가 될 수도 있겠지?'라고 막연하게 생각하는 아마추어 선수가 많습니다. 고등학교에서 좋은 성적을 거두지 못했고, 대학에서도, 사회인이 되어서도 그다지 활약하지 못했음에도 포기하지 않는 사람도 있죠. 꿈을 좇는다는 점은 훌륭하지만, 현실적으로는 어느 지점에서 스스로 단념하는 것도 중요합니다. 상황을 객관적으로 보려면 확률을 확실히 계산해봐야 합니다.

고등학교 야구에서 전국 제패를 해도 프로가 되기 어렵다고 빠르게 단념한 후 대학 진학을 준비하는 사람도 있습니다. 프로 선수 대신 체육 대학에 진학해서 지도자를 목표로 하는 사람도 있습니다. 빠르게 단념한 만큼 그런 사람에게는 새로운 인생을 준비할 기간도 늘어납니다. 하지만 포기가 느린 사람은 하염없이 고민하다가 결국 어떤 성과도 내지 못할 가능성이 큽니다. 따라서 확률을 제대로 계산해서 불가능한 일은 불가능하다고 빠르게 결정 내리는 일이 중요합니다.

반면에 명문대나 의대에 합격하기는 그 정도로 힘들지 않습니다. 선발 인원 자체가 많기 때문입니다. 명문대들은 매년 몇천 명의 신입생을 모집하고, 의대도 전국에 여러 곳이 있습니다. 물론 그만큼 경쟁자도 많지만, 프로 야구선수나 우주비행사와 비교하면 훨씬 높은 확률로 합격할 수 있는 셈입니다. 그런데 '나는 좋은 대학에 들어갈 수 없어''의대라니 절대 못 가'라고 지레 포기하는 사람이 정말 많습니다.

불가능한 일을 가능하다고, 가능한 일을 불가능하다고 믿는 역전 현상을 일으켜서는 안 됩니다. 현실을 잘 보고 어떤 일이 가능한지 냉정하게 파악해야 합니다. 결국 여러분을 위한 일입니다. 그래야만 자신의 실력으로 할 수 없는 일 때문에 노심초사하며 고민하는 일이 줄어듭니다.

♡✕ **어떻게든
된다는 생각으로
운명에 맡긴다**

　　모든 일은 어떻게든 되므로 운명에 맡기는 편이 마음 편합니다. **운명에 맡긴다는 말은 패배주의와는 다릅니다. 패배주의는 운명에 내맡겨 모든 걸 포기하는 생각이죠.**

　인생에는 여러 가지 일이 일어납니다. 수험이나 취업에 실패하기도 하며, 연인에게 차일 수도 있습니다. 이런 일은 모두 여러분의 운명입니다. 어쩔 수 없는 일이었죠. 노력이 부족했다고 생각해도 되지만, 그렇게 하면 자신만 괴로워지므로 끝난 일은 어차피 그렇게 될 일이었다고 결론 내려도 됩니다. 어차피 그렇게 될 일이라고 생각하든, 전부 다 내 잘못이라고 생각하든 일이 벌어졌다는 사실에는 변함이 없으니까요. 여러분의 마음이 편한 게 가장 중요합니다.

그러나 결론 내리기로 끝난다면 패배주의와 다를 게 없습니다. 대신 '자, 이제부터 어떻게 할까?' '앞으로 뭘 할 수 있을까?'라고 생각하는 것이 중요합니다. 수험이나 취업에 실패했을 때는 '내년에 다시 한번 도전하자' 혹은 '떨어지면 자격증을 따면 돼'라고 여러 가지 방향을 생각할 수 있습니다. 연인에게 차였을 때는 '한동안은 일에 열중하자' 혹은 '선이라도 보자'라는 식으로 다음에 어떻게 할지를 떠올려봅시다. 운명은 운명으로 받아들이고, 여러분은 다음을 생각하는 것입니다.

성공과 실패에는 내 힘으로 어찌할 수 없는 면이 많습니다. 그러나 성공 후에 무엇을 할지, 실패 후에 어떻게 행동할지는 스스로 정할 수 있습니다. 자신의 결정에 에너지를 쏟는 것이 운명을 받아들이는 가장 좋은 방법입니다. 그러면 실패는 성공을 위한 하나의 도약점으로 변합니다.

한마디로 지금까지의 운명은 결과가 아닌 과정이라고 보고, 최종 목적지를 생각하는 겁니다. 그런 습관을 들이면 설령 운명에 농락당하더라도 인생을 올바른 방향으로 끌고 나갈 수 있습니다.

남은 건
이제
승리뿐~♬

이미 끝난 일이라면
어차피 그렇게 될 일이었다고
생각하세요.

4장

**무의미한 경쟁에서
벗어나는 방법**

．
．

♡✕ **패배가**
예상되는 경쟁에서는
발을 빼라

우리는 현대를 경쟁 사회라고 말합니다. 하지만 경쟁하면 반드시 승패가 생깁니다. 이기면 자기애가 채워져서 기분이 좋지만, 지면 자기애에 상처를 받아서 기분이 나빠집니다. 작은 경쟁, 장난으로 하는 시합이어도 말입니다. 하지만 아무리 운이 좋아도 한 번쯤은 질 수밖에 없습니다. 패배에 얽매이면 마음에 상처를 받고, 침울함에 빠집니다.

사람은 자신이 패배할 때는 물론, 자신과 관계있는 무언가가 좋은 성적을 거두지 못하는 상황에서도 기분이 나빠집니다. 예를 들어 스포츠 경기에서 응원하는 팀이 패배하면 화가 납니다. 제 경우엔 응원하는 프로 야구팀이 지면 어쩔 수 없이 쓴소리가 나옵니다.

"이번 경기는 재미없었어."
"지니까 술이 쓰다, 써!"

응원하는 팀이 지기만 해도 이렇게 기분이 나빠지는데, 자신이 패배하는 상황은 영향이 더 크지 않을까요? 가능하다면 패배할 만한 경쟁은 하지 않고, 질 것 같은 자리에는 아예 얼굴을 내밀지 않는 편이 좋습니다. 그렇게 하면 기분이 나빠져 화를 내는 횟수가 확실히 줄어듭니다.

모든 경쟁에서 이탈하라는 뜻이 아닙니다. 경쟁을 완전히 회피하게 되면 세상을 제대로 살아갈 수 없습니다. **패배할 확률이 높은 경쟁에서는 멀어지고, 승리할 만한 경쟁에 힘을 쏟는 편이 이롭다는 의미입니다. 절대 지고 싶지 않을 만큼 자신에게 중요한 경쟁에 집중하라는 뜻이기도 합니다. 이것도, 저것도 전부 다 이기려고 하는 마음 자체가 욕심입니다.**

혹시 좋은 회사에 취업해서 승승장구 출세하고, 돈을 많이 벌어 명예와 권력을 쥐고, 이상형과 결혼한 뒤 화목한 가족을 꾸리겠다는 꿈을 꾸고 있나요?

모든 일에서 경쟁하려고 하면 그만큼 지는 횟수도 증가해서 마음 불편한 일이 늘어납니다. 자신에게 정말 중요한 몇 가지 정도로만 범위를 좁히면, 그 이외의 경쟁에서는 패배해도 신경이 덜 쓰입니다.

사실 우리에게 정말 패배해서는 안 되는 경쟁은 그리 많지 않습니다. 과욕을 부려봤자 자신이 상처 입을 뿐이므로 자신에게 중요도가 낮은 경쟁이나 패배할 가능성이 큰 내기에서는 발길을 돌리는 편이 좋습니다. 그렇게 하면 이전에는 화를 냈을 사소한 일에도 점차 신경 쓰지 않게 됩니다.

메이저리그에서 활약하는 스즈키 이치로鈴木一朗는 미·일 통산 4,000안타를 달성한 선수입니다. 그는 나쁜 공도 안타로 만들어내는 전형적인 '배드볼 히터'로 어떤 공이든 맞추는 것을 목표로 했습니다. 그가 홈런을 치지 못하는 타자는 결코 아닙니다. 그저 홈런으로 경쟁해서는 일류가 되지 못한다고 분석하고, 홈런 대신 안타 수를 늘리는 데 도전한 것입니다. 그처럼 유명한 운동선수도 경쟁 범위를 자신이 가장 자신 있는 분야로 좁혔습니다.

저는 제 전문인 심리학이나 교육 분야 등에서는 이기고 싶지만, 스포츠나 도박, 이성 교제는 제게 중요하지 않은 데다가 승리할 가망성도 없다고 생각합니다. 따라서 그런 분야의 경쟁에는 절대 발을 들이지 않습니다. 처음부터 경쟁에서 이탈한 상태이므로 남들보다 뒤처진다고 초조할 일도 없습니다.

자신이 잘하는 분야나 노력 중인 분야에서는 반드시 이길 생각으로 최선을 다하고, 그 이외의 분야에서는 재빨리 빠져나오는 걸 목표로 삼아봅시다. 쓸데없이 초조하거나 기분이 나빠질 일이 줄어들 것입니다.

행복의 여부는
자신이
결정한다

제 지인 중에 야구를 한 번도 관전해본 적 없는 사람이 있었습니다. 당연히 그는 어느 팀의 팬도 아니었는데 때마침 한 팀의 열렬한 팬이 티켓을 구했는데 보러 가지 않겠냐고 권유해서 함께 응원하러 갔다고 합니다. 그는 심지어 유니폼까지 입고 관전을 했습니다. 주변의 열성 팬들은 당연히 열정적으로 응원전을 펼쳤겠지요.

그날 그 팀은 대패하고 말았습니다. 함께 응원하던 사람들은 굉장히 속상해했지만, 팬이 아니었던 그 사람만은 저에게 '정말 재밌었어'라는 메시지를 보냈습니다. 그는 야구의 규칙도 모르고, 선수들도 알지 못했습니다. 그런데도 유니폼을 입고, 사람들과 함께 맥주와 팝콘을 먹으며 떠들썩한 분위기로 응원한 자체가 굉장히 새로운 경험이었기 때문에, 즐거울 수밖에 없던 겁니다. 이처럼 승패에 얽매이지 않고, 야구를 게임으로 즐길 수 있다면 졌다고 해도 기분이 나빠지기는커녕 매우 즐겁게 기억됩니다. 야구팬이라면 "말도 안 돼!"라고 말할 수도 있지만, 첫 관람부터 졌다고 이만큼이나 화가 나지는 않았을 겁니다. 무슨 일이든 승패를 따지면, 즉 이기거나 지는 게임으로 보면 마음이 불편해지는 법입니다.

우리는 엘리트 집단을 인생의 승리자로, 그렇지 않은 사람을 패배자로 여깁니다. 매사를 경쟁의 틀에 넣어 보기 때문입니다. 그런 관점에서 자신이 패배한 쪽에 있다고 생각하는 사람은 늘 우울한 상태가 됩니다. 하지만 인생은 학력의 좋고 나쁨, 돈의 많고 적음, 외모의 좋고 나쁨에 따라 승패가 결정되는 게임이 아닙니다. 모두에게 각자 자신만의 인생이 있으니까요.

'연봉이 승패의 기준이 아니야' '정사원이든 비정규이든 관계없이, 내 인생에 중요한 건 따로 있어'라고 생각하는 사람은 사소한 일에 연연하지 않고, 우울해졌다가도 금세 극복합니다. 연봉이 낮아도, 애인이 없어도, 비정규직 사원이라도 행복한 사람은 많습니다. 이런 조건은 승패와는 관련이 없기 때문입니다. **행복의 여부는 스스로 정하는 것이므로 타인이 정한 틀에 신경 쓸 필요는 없습니다.** 본질적으로 의미가 없는 경쟁에 얽매이면 자신만 불쾌해질 뿐입니다. 매사를 경쟁으로 보지 않으면 인생은 훨씬 즐거워집니다.

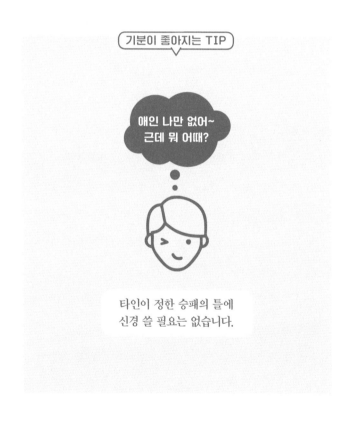

타인이 정한 승패의 틀에
신경 쓸 필요는 없습니다.

승패와
관련 없는 일까지
경쟁할 필요는 없다

  예전부터 매우 사이좋은 친구가 있다고 합시다. 두 사람 다 마흔 살이 넘도록 독신이라는 가정입니다. 그중 한 사람이 결혼하면 어떻게 될까요? 다른 한 사람은 어쩐지 졌다는 기분이 들어 우울해지거나 자신을 자책할지도 모릅니다. 하지만 결혼 여부나 순서는 이기느냐 지느냐의 문제가 아닙니다. 자신도 언젠가 결혼할지 모르니 졌다고 할 수 없습니다. 결혼을 언제 하느냐로 인생의 성공 여부가 결정되는 것도 아니고, 심지어 결혼하지 않는다고 해도 그 사람의 선택일 뿐입니다. 이렇게 사소한 일에도 졌다고 생각해서 우울해하는 사람이 많습니다.

　이런 경우도 있습니다. 텔레비전에 자신과 비슷한 나이의 사람이 회사를 상장시켰다는 뉴스를 보면, 어쩐지 패배감이 들어 마음이 불편해집니다. 뉴스를 보기 전까지는 그 사람을 전혀 몰랐는데도, 나는 그만큼의 돈을 벌지 못했으니 졌다고 생각하는 것입니다. 그 사람과 자신의 공통점은 나이뿐인데도, 어느새 경쟁의 틀에 얽매이게 됩니다. 경쟁할 문제가 아닌 일까지 승패의 문제로 생각하고는 자기 멋대로 기분 나빠하는 것은 지독히 어리석은 일입니다.

　일의 진행 과정에서 승패에 얽매이는 사람도 있습니다. 일례로 모의고사 등수를 보고 '친구가 나보다 점수가 높으니 내가 졌어'라며 노력을 포기하는 학생들이 있습니다. 하지만 모의고사의 순위는 대학 합격과 전혀 관계가 없죠.

　중요한 것은 수능 시험입니다. 본 시험을 승패의 틀에 넣어 생각할 수는 있으나 모의고사의 결과를 이기고 지는 문제로 파악해서 얻을 수 있는 것은 아무것도 없습니다. **최종 목적지가 아닌 과정의 승패에 매달리는 것은 정말이지 아무 의미 없는 행동입니다. 기분만 나빠질 뿐이죠.**

　모의고사의 결과를 승패라고 보지 않는 사람은 친구와의 경쟁에서 졌다며 우울해할 시간에 결과를 상세하게 분석할 수 있습니다. '영어 독해 문제는 대부분 맞았지만 문법 문제에서 많이 틀렸어. 그래서 성적이 올라가지 않은 거야. 문법 문제집을 집중적으로 풀어야겠어' 혹은 '수학은 더 잘할 수 있었는데 실수가 잦았어. 조심한다면 쉽게 점수를 벌 수 있을 거야'라는 식이죠. 이렇게 실수를 분석하면, 자신의 약점을 보완하고 장점을 살릴 수 있습니다. 결국 본 시험에서는 더 높은 점수를 받을 확률이 높아집니다.

자신의 현재 상태를 바쁘게 반성하다 보면 "아, 이번 모의고사에서 친구에게 졌어"라고 시무룩해질 틈이 없습니다. 따라서 본 시험에서는 승리를 거머쥘 수 있죠. 작은 승패에 얽매이지 않는 사람이 큰 경쟁에서 이기는 경우가 많은 것도 이 때문입니다.

한 번의
승패에
얽매이지 않는다

주부 중에는 남편의 출세나 자식의 성적을 경쟁도구로 보고, 다른 사람과 자꾸만 비교하려는 사람이 있습니다. 그런 사람은 가족과 자신을 동일시해서 '가족의 성공이 곧 내 행복이야'라고 믿습니다. '저 아이는 좋은 학교에 들어갈 것 같은데, 우리 아이는 안 될 것 같아' 혹은 '우리 남편은 몇 년째 진급을 못 하고 있어'라는 문제로 심각하게 고민하기도 합니다.

가족이 자신의 바람대로 움직인다면 "우리 아이는 명문대에 다니고 있어" 혹은 "남편이 대기업에 다니는데 벌써 임원으로 승진했지 뭐야"라고 매일 같이 자랑하죠. 하지만 남편이나 자식을 자신의 승부처로 삼으면 노심초사할 일이 두세 배는 더 많아집니다. 남편이나 자식은 엄연한 타인이므로 내 뜻대로 되지 않을 때가 훨씬 많기 때문입니다.

자식의 수험 경쟁에 열심히 뛰어드는 이들도 많습니다. 그러나 수험 경쟁을 성공으로 이끈다고 반드시 행복해지지 않는다는 현실은 보려고 하지 않습니다. 이것은 우수한 자식을 둔 부모의 역설입니다.

가령 지방에서 서울의 명문대에 자식을 합격시킨 부모는 아이가 자랑스러워 콧대가 높아집니다. 그러나 그곳에 다니려면 아이는 부모 곁을 떠나 서울로 가야 합니다. 그 후 가끔 집에 오기는 해도 거의 만날 수가 없습니다. 대학을 졸업한 뒤에도 일자리가 많은 곳에 머무르는 경우가 많으므로 집에는 거의 들르지 않게 됩니다. 업무가 바빠지면 휴일에도 고향에 돌아올 시간이 없어지죠.

자식이 결혼하면 그쪽 집에 아이를 빼앗기는 기분이 들기도 합니다. '눈물 나게 고생해서 좋은 대학에 보냈건만 나한테 돌아오는 건 뭐지'라고 뒤늦게 슬퍼하는 부모도 있습니다. 자신의 행복이라고 믿었던 일 때문에 오히려 더 고독하고 쓸쓸해지는 경우도 있는 거죠.

아이의 수험 경쟁에는 과도하게 뛰어들지 않는 편이 낫습니다. 물론 말처럼 쉽지는 않습니다. 남편의 출세 문제에 관해서는 "당신이 노력한다고 해서 될 일이 아니에요"라고 말하면 대부분 이해하지만, 아이의 양육 문제만큼은 좀처럼 손을 놓기 어려워합니다. 아이의 성적이나 성격은 자신의 힘으로 어떻게든 바꿀 수 있다고 생각하는 사람이 그만큼 많기 때문입니다.

물론 아이에게 미래에 대한 제안 정도는 할 수 있습니다. 더 효율적인 공부법을 가르쳐주거나 교육비를 지원해주는 일도 가능할 것입니다. 그러나 진짜로 공부를 할지 말지는 아이에게 달려 있습니다. 대개 아이의 성적은 부모의 생각대로 되지 않는 법입니다. 그런데도 바뀌지 않는다고 아이에게 화를 내거나 짜증을 쏟아냅니다. **노력으로 바꿀 수 없는 일에 힘을 쏟으며 이기려고 경쟁하는 것은 본인에게도, 관심을 받는 사람에게도 매우 피곤한 일입니다.**

심리 요법 중 가족 전체를 치료 대상으로 하는 '가족 요법'의 접근법은 두 가지로 나뉩니다. 하나는 조작적인 가족 요법으로 부모의 접근법을 바꾸면 아이가 바뀐다는 사고방식을 기초로 합니다. 다른 하나는 아이에 대한 고민과 괴로움을 들어주는 동시에 아이는 부모가 바꿀 수 있는 대상이 아니라고 전달하는 것입니다. 아이를 바꾸는 일을 포기하고, 자신의 노후나 취미를 생각하도록 제안하죠.

둘 중 어느 쪽이 효과가 있을까요? 바로 후자입니다. 아이는 어느 정도 내버려 두면 저절로 바뀝니다. 부모가 아이에게 달라붙어서 전력투구하는 대신 자기 일에 힘을 쏟아도, 아이는 의외로 잘 성장합니다. 오히려 아이는 부모가 취미, 봉사 활동에 노력을 기울이거나 노후를 대비하기 위해 자격증을 취득하고 열심히 책을 읽는 모습에 더 큰 감명을 받고, 달라지기도 합니다.

타인이라는 말에 저항감이 들지도 모르지만, 결국 자식도 남이므로 부모의 능력만으로 어떻게 할 수 있는 대상이 아닙니다. 생각한 대로 되지 않는 타인의 일로 이리저리 고민하기보다 자기 일을 충실히 하는 편이 자신에게도, 상대에게도 즐거운 인생을 사는 길입니다.

♡× 타인에게
맡기고 의지하고
부탁하라

　　항상 자신을 타인과 비교하는 사람은 '나는 저 사람에게 지고 있다' '세상 사람 모두가 라이벌이다'라고 믿게 됩니다. 그러나 극단적으로 말하자면 **타인이 행복하든 불행하든 자신이 행복해지면 되므로 주변 사람은 라이벌도 아무 것도 아닙니다.**

　저는 종종 수험생들에게 좋은 대학에 가고 싶다면 친구와 사이좋게 지내라고 지도합니다. 친구를 라이벌로 보면 친구를 밀어내고 자기만 1등을 하려고 하는데, 그런 아이는 오히려 원하는 만큼 좋은 성적을 내지 못하는 경우가 대부분입니다. 친분을 쌓지 않으면 친구에게 아무런 정보도 들을 수 없기 때문이죠. 친구와 사이좋게 지내는 사람에게는 여러 가지 정보가 들어옵니다. 물론 부모나 학원 등 다른 경로로 정보를 얻을 수도 있지만, 함께 공부하는 친구만큼 직접적이고 유용한 정보를 줄 수 있는 사람은 없습니다.

제가 다닌 고등학교는 모두 함께 합격하자는 분위기가 강했습니다. 당시 저희 학교는 주변의 다른 학교와 도쿄대 합격자 수 1위를 다투고 있었으므로 마치 단체 경기를 하는 듯한 분위기가 감돌았고, 다 함께 합격하고 싶다는 의식이 높았습니다. 그래서인지 친구들끼리 다양한 정보를 공유했죠. 어떤 참고서나 문제집이 좋은지 서로 알려주면 효율적으로 공부할 수 있습니다. 모르는 부분도 같은 눈높이에서 가르쳐주기 때문에 이해가 빠릅니다. 서로 도우면서 능률이 올라가는 셈입니다.

수험뿐 아니라 다른 분야에서도 마찬가지입니다. 주변 사람을 라이벌로 보지 않고 서로 도와야 훨씬 행복해집니다. 가령 친구 관계를 생각해봅시다. 새로 사귄 친구의 외모가 굉장히 출중할 경우, 옆에 있으면 괜히 비교되고 작아지는 느낌이 들지도 모릅니다. 그때 친구를 질투해서 피하는 것과 일단 함께 다니는 것 중 어느 쪽이 나을까요?

둘이 함께 있으면 자신의 마음에 드는 사람까지 모두 친구를 좋아할 것이므로 자신은 손해라고 생각할 수도 있습니다. 하지만 그 친구와 함께 있기에 말을 걸어오는 사람의 수가 증가하고 만남의 기회도 훨씬 많아질 것입니다. 다양한 사람을 만나면 괜찮은 인연을 만날 가능성도 커집니다. 친구를 피하면 만남의 가능성도 사라지는 셈이죠. 무엇보다 친구와 함께 있어서 비교되는 마음이 생길지, 어떨지는 실제로 지내봐야 압니다. 정말 좋은 친구라면 함께 있는 것만으로도 즐거울 테니까요. 여전히 상대를 부러워하는 마음이 있을지도 모르지만, 함께하면 두 사람 모두 행복해집니다.

제 지인 중에 굉장히 잘생긴 친구를 둔 사람이 있습니다. 사람들과 새로 만나는 자리에서도 모두가 매력적인 미남 친구에게 호감을 보이죠. 그런데 미남인 친구는 여성의 외모에 전혀 신경 쓰지 않아서, 자신과 통한다고 느끼는 상대에게 호감을 표하는 일이 많다고 합니다.

2대 2로 술을 마시러 가도 미남은 자신의 취향인 여성 한 명에게만 관심을 보입니다. 다른 여성은 따분하지만 당장 돌아갈 수도 없으니 저의 지인과 대화를 나누게 됩니다. 당연히 말 상대가 된 여성 중에는 그의 마음에 드는 사람도 매우 많겠죠. 결국 미남 친구를 둔 남성은 마음에 드는 여성과 대화할 가능성이 높아 이득이라며 좋아합니다. 만약 미남인 친구를 라이벌로 보고 '저 친구랑 있으면 내가 손해를 볼 뿐이야'라며 피했다면 이처럼 좋은 기회는 얻지 못했을 것입니다.

주변 사람을 라이벌로 삼는 것은 얼핏 보면 발전을 위한 좋은 방법 같지만, 사실 그렇지 않습니다. 마음만 불편할 뿐이죠. **정말로 행복해지고 싶다면 주변 사람과 함께해야 합니다. 상대를 라이벌로 삼아서 괜히 마음 불편해하지 말고 의지하며 기대봅시다.**

잘생긴 사람 옆에 있으면
비교당할 것 같아서 싫어.

사람들과 만날 기회가
늘어나는구나~

함께하면
의외로 즐거울지도 몰라요!

♡× 협력해야
다 함께
성공한다

      실적을 우선시하는 성과주의가 기업에 도입된 이후, 회사 내에는 직원들끼리의 경쟁을 부추기는 경향이 생겼습니다. 직원 간의 경쟁은 얼핏 성과를 올리는 좋은 방법처럼 보입니다. 하지만 서로를 라이벌로 보게 되면 좋은 정보가 있어도 나누지 않게 되고, 업무 진행을 방해하게 될 수도 있으므로 회사 전체의 성과가 떨어지고 맙니다.

    회사원 중에는 우울한 감정을 호소하는 사람이 많은데, 지나친 성과주의의 도입도 하나의 원인이 아닐까 싶습니다. 예전의 기업은 상대적으로 가족주의적인 분위기로, 직원들 간의 협조가 특징이었습니다. 지금은 협조보다 경쟁이 중시되고, 그 속에서 패배감을 느끼는 사람이 늘어난 탓에 모두의 마음에 그늘이 생겨난 것입니다.

근무 기간에 따라 지위가 상승하고, 한 번 입사하면 정년까지 고용이 보장되었던 시절에도 영업 분야에서는 경쟁으로 인한 폐해가 꾸준히 지적되었습니다. 지나친 경쟁으로 영업사원끼리 사이가 틀어져서 전체 실적이 오히려 떨어지는 현상도 일어났습니다. 영업팀 전체의 성적이 올라가기는커녕 서로 발목을 잡는 꼴이 되어버리는 거죠.

영업 능력이 뛰어난 사람이 영업팀장을 맡는다고 해서 실적이 반드시 올라가는 것도 아닙니다. 그들은 개인 성적을 올리는 데 뛰어나지만, 팀 성적을 올리는 일까지 두루 살피지는 못할 수도 있습니다. 리더십이 없는데 영업팀장이 되어 팀 운영을 맡으면 실패하고 말죠.

영업팀장이 과도한 경쟁을 부채질하면 부하 직원들끼리 서로 고객을 빼앗는 일까지 발생합니다. 일단 팔고 보자는 생각에 가격을 과도하게 낮추거나 상품의 성능을 과장하는 경우도 생깁니다. 상대를 밀어내서라도 이기려는 사람이 등장하고, 결국 다른 사람의 전문 영역까지 망치게 됩니다. 또 실적이 안 나는 이유를 '제품이 좋지 않아서' '가격이 비싸서' 등 타 부서

탓으로 돌리는 경우도 많습니다.

반면에 서로 협조하면 긍정적인 효과가 발생합니다. 제조회사 영업사원의 경우, 정비 담당자와 사이가 좋으면 실적을 올리는 데 도움이 됩니다. 제품이 고장 났을 때 빠르게 대응할 수 있기 때문입니다. 고객 측에서는 제품에 이상이 있어도 적절한 서비스를 받을 수 있으므로 신뢰가 두터워지고, 다른 사람에게 소개하고 싶은 마음이 생깁니다. 이렇듯 모두 협력하면 회사의 전체적인 실적이 올라갑니다. 서로 방해하지 않으므로 기분이 나빠질 일도 없습니다.

사원들이 서로를 동료로 믿고, 회사 전체의 실적을 함께 생각해야 올바른 방향으로 나아갈 수 있습니다. 물론 혼자서 가능한 일은 아니지만, 적어도 '나는 일부러 정보를 감추지는 말아야지' 등 원칙을 세워두면 마음이 상하거나 불안해할 일도 줄어듭니다. 한정된 파이를 조금이라도 더 먹으려고 싸우기보다 파이를 더 만들어서 나누는 것이 결과적으로 다 함께 행복해지는 길입니다.

승패의 판단은 가능한 한 뒤로 미룬다

경쟁은 꼭 필요하지만, 중간 과정에서 승패를 따지며 일희일비하는 것은 큰 의미가 없습니다. 최종 결과가 좋으면 마음이 편안해지므로, 과정에서 일어나는 경쟁에는 무게를 두지 않는 편이 낫습니다. 과정에 얽매이지 않아야 정말 중요한 일에서 성공할 수 있죠.

저는 수험생에게 수능 시험 전날까지 마쳐야 할 공부 범위를 알려주고, 그것을 전부 할 수 있도록 계획을 짜게 합니다. 수능 시험에서 도쿄대의 문과 계열은 440점 만점에 250점, 와세다대는 300점 만점에 210점 정도를 받아야 합격할 수 있습니다. 모의고사 결과나 각 학교와 학생 간의 서열을 평가하는 수치인 편차치를 신경 쓰기보다 250점, 210점을 받는 방법을 모색하고, 목표를 달성하는 데 힘을 쏟아야 합니다. 한마디로 최종 목적지에 맞춰서 해야 할 일을 끝내는 게 가장 중요합니다. 저는 항상 수험생들에게 "모의고사 결과는 중간 단계니까 신경 쓰지 마. 이 계획대로 공부를 끝내면 시험에 합격할 수 있어"라고 말합니다.

도착점이 한참 멀었는데도 과정에서 마주치는 사소한 승패를 자꾸 따지다 보면 불편한 감정이 마음에 불씨처럼 계속 남아 있습니다. **미래의 일을 멀리 내다보려고 노력하다 보면 중간 과정에서의 승패에는 유연하게 대처할 수 있으므로 마음이 편안해집니다.**

일할 때도 마찬가지입니다. 눈앞의 업무만 신경 쓰다 보면 사소한 일에도 초조해집니다. 눈앞에 닥친 일만 보는 사람은 "이번 달 할당량을 달성하지 못했어" "부장님에게 지적을 받았어" 등 모든 일을 크게 느끼죠. 하지만 멀리 있는 목표를 확실히 응시하면 사소한 일에 쓸데없이 시선을 빼앗기는 일이 없어집니다. 바꿀 수 없는 일은 고민하면 고민할수록 기분만 상할 뿐입니다.

이미 벌어진 일은 바꿀 수 없습니다. 중요한 것은 가능한 한 빨리 속상한 기분을 훌훌 털어버리고, 다음 일을 할 수 있느냐입니다. '돈을 꾸준히 저축해서 아파트를 사겠다' '3년 후까지 고객 수를 100명으로 늘리겠다'라고 멀리 내다보는 사람은 이번 달 할당량이 미달이라도, 상사에게 지적을 받아도 심각하게 고민하지 않습니다. 대신 '다음 달에 열심히 하면 총 목표수량을 채울 수 있어' '다음에는 지적받지 않도록 하자'라고 마음을 빠르게 다잡고 목표를 향해 달릴 수 있습니다.

눈앞의 일만 바라보고 있으면 마음속에 불편한 감정의 불씨가 남아 있다가 언제든지 다시 불타오를 수 있습니다. 하지만 목표를 멀리 내다보는 사람은 기분 나쁜 일이 있어도 불씨를 빠르게, 그리고 완전히 꺼뜨립니다. 그러니 과정 단계에서 일어나는 사소한 문제로 일희일비하지 않아도 됩니다. 결과가 나오는 것은 훨씬 뒤라는 생각으로 승패의 판단은 나중으로 미뤄버립시다.

경쟁을 강하게 의식하는 사람은 눈앞의 손익에 얽매이기 쉽습니다. 그러나 눈앞의 이익만 추구하면 장기적으로 손해를 볼 가능성이 큽니다. 단기적 이익과 장기적 이익은 상반되는 경우가 많기 때문이죠. 그러므로 최종 목적지에서의 이익을 볼 수 있는 장기적인 안목을 길러야 합니다. 처음에는 힘들겠지만, 지금은 끝이 아니라고 유연하게 생각하는 것만으로도 우울한 기분을 극복하는 데 많은 도움이 됩니다.

투자의 신이라고 불리는 워런 버핏Warren Buffett은 항상 장기적 이익을 생각하는 전략을 세웁니다. 그는 대부분의 주식을 장기 보유합니다. 실제로 워런 버핏이 주식을 산 회사는 장기적으로 크게 성장하는 경우가 많아서, 그는 항상 세계 10위권에 들어가는 자산가의 자리를 유지하고 있습니다. 많은 투자가가 '워런 버핏이 주식을 산 회사는 반드시 성장할 것이다'라는 믿음으로 같은 주식을 삽니다. 따라서 주식 가격이 일시적으로 내려가더라도 불안해하며 팔까 말까를 고민하지 않죠. 그 시간에 운동하거나 다른 투자처를 알아보는 등 좀 더 생산적인 활동을 할 수 있습니다. 여러분에게도 꼭 필요한 시간입니다.

♡✕ 자신의 시간표를 만들고 지켜라

'다른 사람을 이기려면 어떻게 해야 할까?' 대신 '내가 지금 당장 해야 할 일을 하자'라고 생각하며 할 일을 꾸준히 하다 보면 성과는 따라옵니다. 그러므로 타인의 일을 신경 쓰는 대신 자신의 시간표를 만들고 지켜나가야 합니다.

경쟁에서 떠나는 편이 낫다는 말은 마치 속세를 떠난 사람처럼 아무것도 하지 말라는 의미가 아닙니다. 경쟁이라고 생각하지 말고 자신의 목표에 꾸준히 몰두하라는 뜻이죠. 스스로 작은 계획을 세우고, 매일 그것을 실행해갑시다. 남들보다 느린 듯 보일 수도 있지만, 결과적으로 경쟁에서 이길 수 있는 방법입니다.

하는 일이 계획대로 진행되지 않아서 초조해질 수는 있겠지만, 경쟁에 마음을 쓰지 않기 때문에 타인과 비교하며 조바심을 내는 일은 줄어듭니다. 다른 사람의 일로 기분이 나빠질 횟수가 줄어든다면 자신의 에너지를 목표에 집중할 수 있습니다. 그것만으로도 괜찮은 성과 아닌가요?

경쟁은 도망쳐도 되는 경쟁과 도망쳐서는 안 되는 경쟁으로 나누어 생각합시다. 실력이 미숙한 분야는 이길 가망성이 낮으므로 도망쳐도 되는 경쟁입니다. 반면에 특기 분야의 경쟁은 이길 가능성이 크기 때문에 도망치기에는 아깝죠. 자신에게 중요한 분야가 아니라고 해도 이기는 경험을 통해 자신감을 북돋을 수 있으므로 도전해보는 것이 좋습니다.

자신 있는 분야가 하나라도 있으면 굉장히 안심하게 됩니다. 다른 일에서 실패한다고 해도 '뭐 어때. 내가 잘하는 일이 있잖아'라는 생각이 들어서 크게 낙담하지 않습니다. 가령 영어 회화가 특기인 사람은 영업 실적이 남들보다 뒤처지더라도 '내가 남들보다 영어 회화는 더 잘하니까 외국인 고객을 상대하는 영업은 전부 나에게 맡기잖아?'라고 생각하면 초조한 마음을 달랠 수 있습니다.

자신이 잘하는 분야에서 하나라도 이기게 되면 자신감이 붙습니다. 그러면 다른 일에서도 이길 수 있지 않을까 하는 기분이 들고, 자신에게 정말 중요한 경쟁에서 집중하게 되며, 이겨 낼 힘이 솟아납니다.

심리학자 알프레드 아들러 Alfred Adler 는 "성공 체험을 하면 다른 일에서도 이길 수 있다는 마음이 생긴다"라고 말했습니다. 이렇듯 작은 일이라도 좋으니 성공하는 체험을 해보고, 자신감 있게 중요한 경쟁에 열중해봅시다.

사람은 모든 경쟁에서 이길 수 없으므로 경쟁하는 범위를 좁혀야 합니다. **자신에게 중요한 일로 경쟁한다면 도망쳐서는 안 된다는 사실을 잊지 마세요. 그 대신에 중요하지 않은 경쟁에서는 얼마든지 도망쳐도 됩니다.** 과정에서 일어나는 경쟁 역시 무시해도 괜찮습니다. 여러분은 최종 목적지에서 승리할 테니 과정에서 일어나는 승패는 정말이지 아무래도 상관없습니다. 심지어 제대로 분석한다면 실패는 최종 목적지에 도달하는 데 긍정적인 영향까지 줍니다.

우리 사회는 과정을 중시하는 분위기가 강하게 형성되어 있습니다. 회사는 야근하는 사람에게 열심히 한다는 평가를 내립니다. 야근한다고 반드시 성과가 나온다는 보장이 없는데도, 늦게까지 일한다는 과정 자체가 높이 평가되는 것입니다. 잽싸게 일을 끝내고 정시에 돌아가는 사람은 성과를 올려도 얄밉게 보는 풍조까지 있습니다. 하지만 그런 분위기에 휩쓸려서 할 일이 끝났는데도 야근하거나 피곤한데도 일을 붙잡고 있을 필요는 없습니다.

♡× 자신과 타인을
철저히
분리하라

　어떤 일이든 자신과 타인을 별개로 보는 일이 중요합니다. 그렇게 생각하는 사람에게는 성과가 따라옵니다. 대학 입시도 그 일례입니다. 우리는 수능 시험을 '입시 경쟁'이라고 부르지만, 타인이 몇 점 받았는지에 따라 자신의 합격 여부가 결정되는 것은 아닙니다. 자신이 받은 점수가 중요하죠. 타인의 성적은 관계없는 이야기입니다. 학교 내에 라이벌이 몇 명이나 있을지 모르지만, 라이벌 순위가 올라가든 내려가든 관계없이 자신이 점수를 잘 받으면 대학에 합격할 수 있습니다. 어떤 대학의 일반적인 합격선이 90점이라고 합시다.

내 점수는 평균 85점입니다. 그리고 라이벌로 여기는 친구의 평균 점수는 95점입니다. 그런데 만약 친구가 시험 날 아파서 70점을 받았다면, 나는 합격할 수 있을까요? 나보다 성적이 좋은 사람이 한 명 사라졌으니 합격 확률이 올라갔다고 생각할 수도 있지만, 이건 예외일 뿐입니다. 또 친구의 성적이 내려간 것처럼, 우연히 성적이 오른 사람이 있을 수도 있습니다. 라이벌들의 성적이 전부 떨어지기를 바라기보다는 내 점수를 올리는 편이 훨씬 더 쉽습니다.

명문대는 합격 정원이 수천 명이므로 확률적으로 같은 반의 모든 사람이 합격한다고 해도 내 자리가 없어지는 것은 아닙니다. 옆자리의 라이벌이 떨어지면 내가 붙는 구조가 아닌 셈입니다. 라이벌이 합격하든 불합격하든 상관없이, 자신의 점수에 따라 합격이 결정됩니다. 정원이 많기 때문에 라이벌도, 자신도 충분히 동시에 합격할 수 있습니다. 그런데도 '저 사람보다 점수가 낮다니 내가 졌어'라고 못마땅하게 여기는 것은 어리석은 일입니다.

타인과의 경쟁을 신경 쓰기보다 자신의 점수를 올리는 데 집중합시다. 라이벌을 의식하는 데 힘을 쏟는다고 해도, 경쟁심이 자신의 성적을 올려주지는 않습니다. 그보다는 성적을 어떻게 올릴지 고민해야 합니다. 다른 사람은 다른 사람이고,

자신은 자신입니다. 한 회사의 사장을 뽑는 일처럼 정원이 딱 한 자리라면 이야기가 달라지겠지만, 정원이 많은데도 라이벌보다 위로 가는 것 자체를 목표로 할 필요는 없습니다.

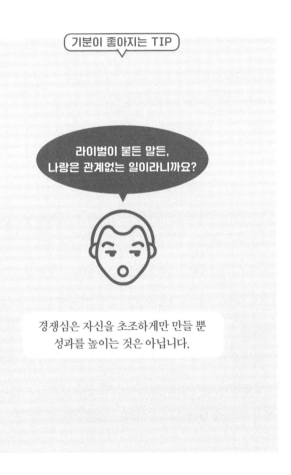

♡× **잘나가는**
    사람에게도
    고민은 있다

　　　무엇이든 승패로 생각하는 사람은 승승장구하는
사람을 부럽게 생각합니다. 그러나 잘나가는 사람이라고 해서
아무 고민도 없는 것은 아닙니다. 그들에게도 자기 나름대로
고민이 있습니다. 오히려 여러분보다 더 큰 고민을 하고 있을
지도 모릅니다. 따라서 잘나가는 사람을 시샘해 그들과 어울
리지 않겠다고 정해버리면 인생의 폭이 좁아집니다. 주변 사
람들 눈에는 여러분이 다른 사람을 이유 없이 배척하는 비뚤
어진 사람으로 비칠 뿐입니다.
　어떤 사람과 계속 어울리다 보면 그가 품고 있는 고민을 들

을 기회가 생깁니다. 예를 들어 유명인과 결혼한 친구는 "우연히 부자 집안의 사람과 결혼했을 뿐인데 최근에 사람들이 속물이라며 나한테 등을 돌리더라. 너만은 계속 친구로 있어 줘서 다행이야" "뼈대 있는 집안이라고 해도 처가댁의 관습이 엄격해서 정말 힘들어"라며 속사정을 이야기할지도 모릅니다.

그런 이야기를 들으면 시야가 넓어집니다. '아, 행복하기만 할 줄 알았는데 나름의 고민이 있구나'라고 생각하면 단순히 그와 자신의 처지를 비교해서 졌다고 판단했던 생각이 잘못되었음을 깨닫게 됩니다.

'이 사람은 엘리트 집단에 속해 있으니 니와는 비교도 할 수 없을 만큼 행복할 거야.'
'좋은 회사에 다니니 성격도 쌀쌀맞아서 나를 상대해주지 않겠지?'

일방적으로 단정 지으면, 패배한 기분이 들어서 공연히 마음이 언짢아집니다. 상대의 이야기를 제대로 들어보면 혼자서 곡해할 대상이 아님을 알 수 있는데도 말입니다.

외모가 출중한 친구에 대한 마음도 마찬가지입니다. '저 애는 외모가 뛰어나서 인기가 많으니까 정말 부러워' '같이 있으면 나 자신이 너무 작아져'라고 피할 수도 있습니다. 상대의 이야기를 들어보면 "많은 사람이 나한테 접근해오지만 내가 정말로 좋아하는 사람과는 이어지지 않아"라거나 "나를 겉모습만 보고 판단해서, 내 성격을 알고는 생각했던 것과는 다르다며 떠나는 사람도 많더라고. 내 진정한 내면을 알아주는 사람은 만나기 힘들어"라는 식으로 여러 고민이 있을지도 모릅니다.

승패의 틀에 얽매여 타인을 바라보면 그런 사실을 깨닫지 못합니다. **사람은 다양한 생각을 안고 살아가는 존재이므로, 일방적으로 승패를 정해서 자신이 졌다고 판단하는 것은 잘못된 믿음에 불과합니다.** 결국 부질없이 기분이 언짢아질 뿐입니다. 그러니 선입견을 품는 대신 상대의 이야기를 제대로 듣는 자세가 중요합니다. 당장 상대에게 큰 고민이 없다고 해도 괜찮습니다. 이야기를 나누다 보면 상대의 다양한 면을 발견할 수 있으므로 불편한 마음이 누그러질 것입니다. 잘난 사람이라며 경계할 때는 내가 범접할 수 없는 사람처럼 보이지만, 알면 알수록 상대방은 나와 비슷한 감정을 지닌, 평범한 사람이라는 사실을 깨닫게 되기 때문입니다.

라이벌과
경쟁하지 말고
자신에게 충실해라

경쟁심이 강한 사람은 라이벌이 실패하면 마음을 놓습니다. 상대방이 한 번 실수했다고 지나치게 안심한 탓에 노력을 게을리해서 성장이 멈추는 경우도 많습니다.

가령 이성친구가 없는 두 사람이 있다고 합시다. 사실 전혀 경쟁할 분야가 아닌데도, 누구에게 먼저 이성친구가 생기는지 경쟁의식이 생긴 상태입니다. 그런데 한쪽이 이성에게 고백했다가 거절당했다면 어떨까요? 다른 한쪽은 다행이라는 마음이 들기 마련입니다. 자신은 아무것도 한 것이 없지만, 적어도 차인 것은 아니니 '이겼다'는 생각에 마음을 놓습니다. 하지만 지고 싶지 않아서 초조했던 마음이 일시적으로 해소되었을 뿐, 경쟁을 의식하는 한 노심초사하는 마음은 사라지지 않습니다. 라이벌이 실패했으니 자신이 우위가 되었다고 판단해서, 해야 할 일을 게을리해서도 안 됩니다. 상대의 고백을 거절했던 이성이 갑자기 자신에게 찾아와 고백하는 일 따위는 절대 일어나지 않습니다. 이쪽이 방심하는 동안에 라이벌은 새로운 인연을 찾을 수도 있습니다. 한번 시도해보면 용기가 생기기 때문에, 다음 번에는 더 적극적으로 나서게 될 확률이 크니까요.

라이벌이 이성에게 거절당한 일과 자신의 연애는 직접적으로 관계가 없으므로, 자신은 필요한 일을 계속해야 합니다. 이성을 만날 수 있는 곳에 찾아가거나 복장과 머리 모양을 고민할 수도 있고, 커뮤니케이션 방법을 배우는 등 할 일은 많습니다. **자신의 할 일을 찾다 보면 라이벌의 상황과는 무관하게 충실한 생활을 할 수 있습니다.**

회사에서 비슷한 시기에 입사한 동기에게 묘한 라이벌 의식을 느끼는 사람도 많습니다. 문제는 동기가 사소한 실수를 했을 때, 회사 전체의 입장을 고려해 도우려 하지 않고 남몰래 기뻐하는 경우입니다. 또한 동기의 평판이 낮아졌으니 자신의 평판은 올라갔을 것이라고 지레 짐작하고 나태해지기도 합니다. 실제로 한두 번의 실패만으로 평판이 낮아지는 경우는 드물고, 실수를 완벽히 처리하면 오히려 평판이 올라가는데도 말입니다. 또, 사람들은 실수한 사람보다 도우려고 하지 않는 사람에게 더 냉정한 법입니다.

인터넷에서 타인을 비난하는 사람에게도 비슷한 경향이 있습니다. 연예인에게 '악플'을 다는 사람이 많은 이유입니다. 타인을 비난해서 평가를 떨어뜨리면 당장은 짜증 나는 기분이 해소될 수도 있고, 자신이 우위에 서는 기분이 듭니다. 하지만 그것으로 만족하는 사람은 본래 자신이 해야 할 노력을 게을리해서 성장이 멈출 수밖에 없습니다.

상대의 평가를 떨어뜨린다고 해도 자신이 성장하지는 않습니다. 무슨 일이든 상대와 관계없이 자신을 갈고닦아야 좋은 결과를 얻을 수 있는 법입니다.

할 일을 제대로 해야
인정받는 법!

라이벌이 실패했다고
자신의 평가가
올라가는 것은 아닙니다.

5장

누구에게나 관대해지는
마음 단련법

나에게
관대한 사람이
사랑받는다

우리는 대인관계에서 자신에게 엄격하지만 타인에게는 관대한 자세가 바람직하다고 배워왔습니다. 그러나 현실적으로 자신에게 지나치게 엄격한 사람은 타인에게도 엄격한 경향이 있습니다. 예를 들어 자신의 실수를 절대 용납하지 못하는 성향의 사람이 있다고 합시다. 이런 사람은 실수했을 때 심하게 자책할 뿐 아니라 다른 사람이 저지른 사소한 실수도 엄하게 책망합니다. 자신의 실수만큼 남의 실수도 눈에 크게 들어오기 때문입니다. '나는 절대로 실수해서는 안 되지만, 다른 사람은 이해할 수 있다'는 사고방식은 불가능에 가깝습니다.

정신의학적으로 말하자면 자신에게 지나치게 엄격한 것도 별로 좋지 않습니다. **자신에게 엄격한 사람은 완벽주의 의식이 강하거나 당연히 이래야 한다는 고정관념이 강하므로 정신적으로 큰 부담감을 지고 살아갈 수밖에 없습니다.** 완벽주의가 지나친 사람은 모든 일을 완벽하게 끝내지 못하면 패배감을 느끼며 자기 자신을 괴롭힙니다. 결국 정신적으로 피폐해져서 우울증으로 이어지기도 합니다.

자신에게 엄격한 사람은 타인에게도 요구하는 수준이 높습니다. 그리고 그 수준을 만족시키지 못하는 사람을 못마땅하게 봅니다. 가령 서류는 언제나 완벽해야 한다고 믿는 사람은 부하 직원이 작성한 서류에서 오탈자가 하나라도 발견되면 심기가 매우 불편해집니다.

서류에 사소한 오탈자가 있어도 크게 문제 생길 일은 없고, 누군가가 찾아냈으니 그 부분만 바로 고치면 됩니다. 심지어 업무를 진행하는 과정에서 진도를 확인하기 위해 제출하는 문서라면 더더욱 그렇습니다. 오탈자보다 중요한 것은 내용입니다. 그럼에도 완벽함을 고집하기 때문에 내용은 제대로 보지도 않은 채 일단 분노를 표출합니다. 상대를 간단한 서류도 만들지 못하는 사람이라고 판단하는 거죠.

일반적으로 상대에게 요구하는 수준을 높게 설정하면 실망

해서 짜증 날 일이 많아집니다. 반대로 요구 수준을 낮게 설정해두면 상대가 그것을 넘어서는 성과를 올렸을 때 굉장히 만족스럽습니다. 상대가 노력을 게을리한다면 엄격하게 대해도 좋지만, 실수는 누구나 할 수 있으므로 관대하게 이해하려는 마음이 필요합니다.

이왕이면 자기 자신의 실수도 너그럽게 받아들입시다. 중요한 것은 같은 실수를 다시 반복하지 않는 일이지, 실수를 아예 없애는 것은 아닙니다. 자신이나 타인에게 관용을 베풀면 마음 상할 일이 줄어듭니다. 또 이미 실수나 실패가 발생한 뒤에 관용을 베푸는 것은 상대적으로 간단하지 않으므로 미리 요구 수준을 낮추어두는 것이 좋습니다. 그렇게 하면 사소한 실수나 실패는 허용할 수 있습니다.

좋은 사람에서 벗어나면 마음이 편해진다

　　남들에게 좋은 사람으로 보이는 사람은 사실 '무서운 사람'입니다. 이렇게 말하면 좋은 사람이 어째서 무서운 사람이냐고 물어보겠지요.

　좋은 사람은 자신이 속한 장소의 분위기를 굉장히 신경 씁니다. 자신이 하고 싶은 말을 참고 주변에 맞추려고 하죠. 그뿐이라면 좋겠지만, 타인에게도 같은 노력을 요구하는 경향이 있습니다. 누군가 분위기를 파악하지 못하고 말을 거침없이 내뱉으면 몹시 화가 납니다. 자신만이 아니라 주변 모두가 좋은 사람이기를 원하기 때문에 분위기 파악을 못 하는 사람을 보면 못마땅하죠. 자신은 분위기를 맞추기 위해 주변의 눈치를 이렇게 열심히 살피는데, 남들은 왜 그런 노력을 하지 않는지 화가 나는 것입니다.

좋은 사람은 남을 먼저 생각하는, 훌륭한 인품을 가진 사람이지만, 타인을 인정하지 못하거나 팀워크를 어지럽히는 사람을 용납하지 못하는 면도 있습니다. 어떤 의미로는 융통성이 없고 고집이 센 사람이라고 할 수 있습니다. 세상에는 좋은 사람이 아닌 사람 즉, 분위기를 살피지 않고 하고 싶은 말은 하는 사람도 많으므로 좋은 사람은 항상 조바심이 나서 괴로움에 빠집니다. 이렇게 분위기 파악을 못 하는 사람 때문에 화가 날 정도라면 자신도 분위기를 맞추려는 노력을 아예 포기하는 편이 훨씬 마음 편할 것입니다.

자신이 좋은 사람이라고 생각하나요? 그렇다면 미움받는다고 해도 괜찮으니 가끔은 자신의 의견을 주장해봅시다. 좋은 사람이라는 역할을 벗어던지고 일부러 눈치 없는 사람처럼 행동하기를 목표로 해도 좋습니다. 가끔 분위기 파악을 못 한다고 해도 사는 데 큰 지장은 없습니다. 솔직히 말하면 여러분이 제멋대로 의견을 제시해도, 남들은 흔쾌히 받아들일 확률이 큽니다. 지금껏 충분히 좋은 사람이었기 때문에, 여러분의 기준으로 무리한 부탁을 한다 해도 '상식선'일 것이 분명합니다. "저 사람은 좋은 사람이지만 가끔 분위기 파악을 못 해"라는 이야기를 들을 정도면 됩니다. 좋은 사람의 마음속에는 알게 모르게 억울하거나 속상한 감정이 쌓이기 마련입니다. 그러니 사소한 일에도 울컥하게 되는 겁니다. 자기주장을 해보면 내면에 쌓여 있던 욕구불만이 상당히 해소됩니다. 쉽게 짜증 나고 별것 아닌 일에도 언짢아졌던 기분 역시 조금씩 풀릴 것입니다.

♡✕ **모든 일에
화내지
않는다**

       타인에게 관대한 사람은 사랑받습니다. 그러나 모든 사람에게 관대해질 수는 없죠. 현실적인 대응 방법은 관대하게 받아들일 상대를 엄하게 추궁할 상대를 나누는 것입니다. 그런데 **사람들은 화낼 대상을 나누는 방법을 잘못 알고 있습니다. 화낼 정도의 가치가 있는 상대가 아닌데도 분노를 터뜨리고, 기분이 상합니다. 어떻게 되어도 상관없는 일에까지 화를 내면 혈압이 올라가 몸 상태에도 안 좋은 영향을 줍니다.**

    예를 들어 텔레비전 뉴스에 나온 흉악범에게 격한 분노를 표출하며 인터넷에 심한 비난 댓글을 쓰는 사람이 있습니다. 흉악범에게 화가 나는 건 당연합니다. 그러나 과하게 화를 내면 혈압도 함께 상승합니다. 자신의 마음을 그 사람에게 소모할 정도로 격하게 화낼 필요가 있을까요? 내가 댓글을 쓴다고 달라지는 것이 없는데도 말입니다. 이때는 흉악범을 관대하게 보자는 게 아니라, 신경을 아예 꺼버리자는 말입니다.

자신과 가까운 곳에서 일어난 범죄에 대해 화내는 것은 당연하지만, 먼 곳에서 일어난 사건에까지 일일이 화를 내면 금세 지치고 맙니다. 물론 정의로운 마음은 중요합니다. 하지만 뉴스 보도 때문에 짜증이 나서 일상생활에도 지장을 초래할 정도라면 차라리 뉴스를 보지 않는 편이 낫습니다. 바꿀 수 없는 큰일보다는 자신을 지키는 일이 더 중요하기 때문입니다.

♡✗ 아랫사람의 험담은 하지 않는다

누구나 주변 사람이 모여 험담하는 자리에 끼게 된 적이 있을 것입니다. 이런 자리의 분위기는 대화를 주도하는 사람 위주로 돌아갑니다. 하지만 타인을 헐뜯기 좋아하는 사람은 당장은 인기가 좋을지라도 진정한 친구가 생기지 않습니다. **사람들은 의외로 냉정합니다. '저 사람은 나 없는 곳에서 내 이야기도 할지 몰라'라고 생각해서 경계하죠. 그 자리에서는 인기가 있어도 결과적으로는 이득이 없습니다.**

남의 험담하는 사람은 대개 자기애가 충족되어 있지 않습니다. 다른 사람을 깎아내려서 자기애를 채우려고 하죠. 그러나 타인의 발목을 잡아도 자신이 위로 올라가는 것은 아니므로 자기애가 채워지지는 않습니다. 결국 험담을 해서 속 시원한 기분이 되었다고 해도 상황은 바뀌지 않으므로 짜증 나는 마음도 수습되지 않습니다.

자기보다 높은 위치에 있는 사람을 험담한다면 어느 정도 허용되는 부분이 있습니다. 일반적으로 자기보다 윗사람에게 엄격한 사람이 성장하는 법입니다. 반면에 아랫사람에게 엄격한 사람은 자신이 윗사람이라는 것을 확인해서 안심하려는 경우가 많습니다.

학교에서 2등인 아이가 1등인 아이에게 경쟁심을 느껴서 이런저런 이야기를 하는 것은 어떻게든 1등이 되고 싶다는 의욕의 표현이라고도 볼 수 있습니다. 그 의욕을 노력으로 연결 지으면 성장해서 정말로 1등이 될지도 모릅니다.

그런데 2등인 아이가 병으로 며칠이나 학교를 쉬는 바람에 1등인 아이를 도저히 쫓아갈 수 없게 되었다고 합시다. 그러면 갑자기 자기보다 성적이 나쁜 아이를 조롱하기 시작합니다. "내가 며칠이나 빠졌는데도 성적 차이는 변하지 않았다니 넌 정말 바보구나?"라는 식입니다. **자기보다 성적이 안 좋은 아이를 공격해서 자신이 우위에 있음을 확인하고 싶은 거죠. 이는 단순히 안심하려고 하는 행동일 뿐이므로 성장으로 연**

결되지 않습니다.

자기보다 윗사람에 대해 엄격하게 말할 때는 그나마 문제가 적지만, 아랫사람을 헐뜯기 시작했다면 여러분은 자신을 돌아봐야 하는 상황입니다. 아랫사람에게 엄격한 사람은 대부분 미움받게 되는데, 하물며 험담까지 한다면 주변에서 상대해주지 않게 됩니다. 아랫사람에게 부드럽고 관용적인 사람이 결과적으로는 존경을 받습니다.

만만한 선배라고 여겨지거나 무른 사람이라는 평가를 받을 수도 있지만, 후배들이 진심으로 존경하며 고민 상담을 요청하는 등 결과적으로 더 만족스러운 인생을 살 수 있습니다. 반면에 후배에게 필요 이상으로 엄격한 사람이나 권력을 내세워 강압적으로 구는 사람에게는 누구도 다가오지 않게 됩니다.

합격선을 정하면
스트레스가
줄어든다

    100점 만점을 목표로 하는 사람은 1점이라도 부족하면 신경이 쓰여서 안절부절못합니다. 또한 모든 일에 자신에게도, 타인에게도 100점을 요구하려고 하죠. 그러나 세상에 완벽한 존재는 없습니다. 완벽을 추구하려고 하면 99점을 받아도 단 1점 때문에 속상해합니다. 결국 **과중한 노동에 시달리게 되고, 주변에도 과도하게 높은 수준을 요구하게 됩니다. 완벽을 추구하면 자신에게도, 주변 사람에게도 큰 스트레스를 주는 셈입니다.**

    합격점을 설정해두지 않으면 불가능한 수준을 추구하다가

자신이나 주변 사람을 막다른 길에 몰아넣게 됩니다. 따라서 90점이라면 90점, 80점이라면 80점이라고 합격점을 정해두는 편이 낫습니다. 특히나 인간관계에서 90점이나 80점은 지나치게 높은 목표이므로, 상황과 상대에 따라 50점이나 30점처럼 합격점을 아예 낮춰놓는 편이 좋습니다.

만능을 목표로 하지 않는 것도 중요합니다. 모든 분야에서 고득점을 올리는 사람은 없습니다. 프로 스포츠선수도 한정된 분야에서만 특별한 재능을 발휘할 뿐입니다. 그들도 스포츠라면 뭐든지 잘하는 만능선수는 아닙니다. 아무리 능력이 뛰어난 축구선수라도 수영은 전혀 못 할 수 있습니다.

노벨상을 받은 사람도 마찬가지입니다. 특정 분야를 아주 좁고 깊게 연구해 우수한 성과를 올린 사람에게 주는 것이 노벨상입니다. 노벨상을 받은 사람들이 다른 분야에서도 전부 두각을 나타내는 것은 아닙니다. 흔히 '노벨상 수상자라면 모든 분야에서 뛰어나겠지'라는 막연한 기대를 품지만, 그들이 뛰어난 것은 특정 분야일 뿐입니다. 아주 좁은 분야에서 눈에 띄는 연구를 했기에 노벨상을 받은 거죠. 그들을 모든 부분에서 뛰어난 존재로 보면 잘못된 선택을 할 수도 있습니다. 예를 들어 일본 정부는 노벨상 수상자를 교육 개혁 부서의 높은 자리에 앉힌 적이 있습니다. 노벨상 수상자라고 해서 교육을 잘

안다고 단정할 수는 없는데 말입니다.

100점 만점을 목표로 하는 사람이나 만능을 지향하는 사고방식을 가진 사람은 애매한 것을 인정하지 못합니다. 특히 옳고 그름을 확실히 나누려고 하는 극단적 사고를 하는 사람은 흑백이 아니라 회색인 상황을 받아들이지 못하죠. 그들은 불분명한 상태에 맞닥뜨리면 굉장히 불편해합니다. 그런 마음을 가라앉히려면 흑백으로 나뉘지 않는 상태에 조금씩 익숙해지는 일이 중요합니다. 자신의 가치관과는 맞지 않아도 때로는 '그렇게 생각하는 사람도 있구나' 하고 넘기는 연습부터 해봅시다. 그렇게 생각해보는 것만으로도 마음이 훨씬 가벼워집니다.

예를 들어 친한 사이라고 생각했던 두 사람 중 한 사람이 다른 친구의 험담을 했다는 사실을 알게 되면 충격받을 것입니다. 하지만 아무리 사이좋은 사이라도 한두 번은 친구와 싸웠다며 남에게 털어놓을 수 있습니다. 이해가 안 갈지도 모르지만, 이때 '얼마나 화났으면. 누구라도 한 번은 남의 이야기를 할 수 있지'라고 넘겨보는 겁니다. 이런 일도 쉽게 넘기는 사람은 사소한 상황에도 언짢아지거나 분노하지 않을 수 있게 됩니다.

100점이 아니면
완벽하지 않다고
누가 그래?

마이너스 1점을 신경 쓰지 말고
99점을 보면 됩니다.

♡✗ **자신의**
    장점을 찾아서
    발전시키자

　　항상 타인의 흠을 들추어내려는 사람은 제외하고, 대다수는 타인의 장점이나 실적이 실제보다 더 크게 보이기 마련입니다. 반대로 자신에게서는 단점이 주로 눈에 띕니다. 다른 사람에게선 좋은 점만 보이므로 부러워서 조바심이 나거나 패배감으로 침울해지기 쉽습니다. '저 사람이 나보다 예쁘네' '저 사람이 나보다 실적이 뛰어나잖아'라고 생각하면 공연히 우울해집니다. 장점이 보이면 보일수록 화가 나서 상대가 싫어지는 경우도 있습니다.

　　상대방을 질투하다 보면, 장점이 많은 사람에게서 결점을 발견하는 순간 굉장히 기쁩니다. 가령 회사에서 자기보다 인정받는 사람이 불륜 관계에 있다는 사실을 우연히 알게 되면 무의식중에 말을 퍼뜨리고 싶어집니다. "저 사람, 얌전해 보이더니 불륜을 저지르고 있어"라고 슬쩍 소문을 낼지도 모릅니다. 하지만 제대로 된 증거도 없으면서 소문을 퍼뜨렸다가 상대에게 들키면 큰일이죠. 자신이 오해하고 있을 확률도 있습니다. 성희롱 규정으로 소문 유포를 금지하는 회사도 있으므로 소문을 냈다가 도리어 자신이 퇴사해야 할지도 모릅니다. 상대방에게 흠집 내려고 했던 일이 오히려 자신에게 더 큰 해가 되어 돌아오는 거죠. 무엇보다 상대방의 불륜과 업무 능력에는 큰 상관이 없습니다. 부도덕한 일이지만, 그것은 가정 내에서 해결할 문제이고 엄밀히 말해 직장동료인 당신은 제3자입니다. 여러분이 신경 쓸 필요가 없는 일일지도 모릅니다.

타인의 장점이나 결점을 보고 일희일비하기보다 자신의 장점을 찾고 그것을 성장시키는 데 주력하는 편이 건설적입니다. 타인의 결점을 발견한다고 해도 그것이 자신의 장점을 늘려주지는 않습니다.

중요한 것은 자신의 장점을 제대로 보는 일입니다. 나는 장점이 없는 사람이라고 생각하면 기분이 나빠지고, 우울해집니다. 자존감도 떨어집니다. 나 자신의 장점을 도저히 찾을 수 없다는 사람이 있을지도 모르겠습니다. 그러나 누구에게나 남들에게 자랑할 만한 장점은 있습니다. 아직 찾지 못했거나 혹은 자신의 능력을 과소평가하고 있을 뿐입니다.

'나는 글씨를 잘 쓴다' '나는 꼼꼼해서 친구들 사이에서 늘 총무를 맡는다' 등 아주 작은 것이라도 좋습니다. **자신의 장점을 알고 있으면 안심하게 되고, '나에게도 이렇게 좋은 점이 있다'는 생각에 자신감도 생깁니다. 타인에게 미묘한 적의를 품는 일도 줄어듭니다.** 자신의 장점을 제대로 알고 있으면 타인의 일로 불필요하게 신경이 곤두서거나 고민하는 일은 확실히 사라집니다.

나는 글씨를 잘 쓴다
나는 꼼꼼하다
나는 친구들과 두루두루 잘 지낸다
나는 발표하며 떨지 않는다
…
나는 사랑스럽고
장점이 많은 사람이다

여러분은 장점이
수없이 많은 사람입니다!

♡✕ 불만의
근본 원인을
찾는다

　누군가의 험담을 하는 자리에 끼어 있다 보면 자신이 꺼낸 말도 아닌데 같이 험담했다는 소문이 퍼지기도 합니다. 입이 무거운 친구 사이라면 상관없지만, 대부분의 경우 험담은 입이 가벼운 이들 사이에서 이루어집니다. 특히 회사 동료와 나누는 상사의 험담은 새어나갈 확률이 높습니다. 설령 그 상사가 악독하기로 유명하다고 해도 주의해야 합니다. 누구든 다른 사람이 자신의 험담을 하고 있다는 사실을 알게 되면 화를 내기 마련입니다.

　사내에서는 누가 어떻게 이어져 있는지 알 수 없습니다. 동료가 사실은 상사에게 아첨하는 사람이거나 그 상사와 사이가 좋을 수도 있죠. 사내연애를 하고 있어서 연인한테만 살짝 말한다는 것이 당사자의 귀까지 들어갈지도 모릅니다.

욕구불만을 배출하는 데 상사의 험담은 좋은 방법일지도 모르지만, 그보다 자신의 취미에 몰두하거나 자신이 좋아하는 일을 즐기는 편이 낫습니다. 타인의 험담을 하고 싶어지는 이유는 **심리학적으로 말하자면 자기 내면에 욕구불만이 있기 때문입니다. 따라서 근본 원인을 해결하는 일이 더 중요합니다.**

업무 실적이 안 좋다거나 가족과 사이가 나쁘다는 등 다른 원인이 있어서 그 불만을 상사의 험담으로 배출하려는 경우도 있습니다. 사실 상사의 잘못은 10점 만점으로 따졌을 때 3점 정도인데 현재 개인적으로 해결되지 않는 문제가 있다 보니 8이나 9점처럼 느껴지는 거죠. 근본적인 원인에 시선을 돌리면 자신의 상황을 개선할 기회도 생깁니다. 상사의 한 마디 한 마디에 짜증이 난다면, 그 이유가 오로지 상사의 탓인지 자기 자신에게 되물어봅시다.

물론 정말로 상사에게 문제가 있을 가능성도 큽니다. 그러나 이 경우에도 마찬가지로 신뢰할 수 없는 동료와 험담을 나누기보다 다른 해결법을 찾는 편이 현명합니다. 불만을 쏟기만 해서는 아무것도 달라지지 않으니까요.

♡× 타인에게 제대로 의존하는 법을 배운다

　　정신과 의사인 도이 다케오土居健郎가 쓴 『의존의 구조甘えの構造』라는 책이 있습니다. 그는 '사람은 자신의 행위를 다른 사람이 알아주리라고 생각해서 타인에게 의존하게 된다. 따라서 의존하지 못하는 상황에서 화가 나는 것이다'라고 말합니다.

　이런 말을 해도 괜찮을까 싶은 비밀을 털어놓을 수 있는 것은 상대를 믿고 의존하고 있기 때문입니다. 상대가 받아들여주면 한층 더 상대에게 의존하게 되고, 마음속 더 깊은 말까지 하게 됩니다. 반면에 어떤 이야기를 꺼냈는데 상대가 부정적인 반응을 보이면 그에게 의존할 수 없음을 깨닫습니다. 그 사실을 깨닫는 과정에서 우울해지는 것이죠.

하고 싶은 말을 하는 것과 상대방에게 의존하는 것은 관계 없는 듯해도, 심리학으로 큰 연관성이 있습니다. 상대를 신용하고 있기 때문에 마음속에 담아놓았던 말을 하는 것이며, 그것은 곧 상대에게 의존하고 있다는 증거라고 해석할 수 있습니다.

타인에게 쉽게 의존하는 사람은 마음속 말을 할 수 있으므로 쉽게 우울해지지 않습니다. 그러나 상대를 쉽게 믿지 못하거나 의심이 많은 사람은 '어차피 나 같은 사람은 받아주지 않을걸' '나는 소외되었으니까'라고 생각해서 하고 싶은 말을 참게 되므로, 마음이 쉽게 불편해집니다.

상대방이 자신을 받아들일지 아닌지는 사실 아무도 모릅니다. 그런데도 자신을 받아들여 주지 않을 거라고 믿으며 위축되거나 비뚤어지는 사람도 있습니다. 예를 들어 친목 도모 자리에서 맥주를 마시고 있는데 자신의 맥주잔이 비었다고 합시다. 보통은 옆 사람에게 맥주를 따라 달라고 말하거나 별생각 없이 자신의 맥주잔을 채웁니다. 이때 '아무도 나에게 관심이 없는 거야'라고 우울해하며 스스로 술을 따라 마시는 사람이 있습니다. 그들은 타인에게 제대로 의존하지 않는 사람입니다.

대부분의 경우, 주변 사람은 그의 잔이 비어 있다는 사실을 미처 깨닫지 못했을 확률이 높습니다. 스스로 맥주를 따르면, "미안, 몰랐어"라고 말하고 맥주를 대신 따라주려 할 것입니다. 실제로는 일부러 무시하는 게 아닌데도, 사람들이 자신을 받아주지 않으리라고 믿는 이유는 타인에게 제대로 의존하지 못하기 때문입니다.

인간관계에서 상대에게 의존하는 일은 중요합니다. 능숙하게 기댈 수 있으면 상대가 자신을 어떻게 생각할까 고민하느라 초조해하는 시간이 줄어듭니다. 상대가 받아주리란 사실을 알게 되면 마음속 하고 싶은 말을 하기도 쉬워집니다. 또한 하기 싫은 일이 있으면 "이건 하고 싶지 않아"라고 단호히 거절할 수도 있습니다. 한두 번 거절한다고 해서 상대방이 떠나가거나 나에게 실망하지 않는다는 믿음이 있기 때문입니다.

도를 넘어 의존한다면 거절당할 위험도 있지만, 그럴 때는 '내가 상대방에게 너무 기댔구나' 하고 의존하는 정도를 조절하면 됩니다. 상대방이 거절한다고 해서 나를 싫어하거나 기대지 않는 것은 아닙니다. 여러분이 상대의 요구를 거절하는 것도 상대방이 싫어서가 아니라 단지 상황이 맞지 않아서일 뿐인 것처럼 말입니다. 또 예상과 달리 상대가 내 이야기를 전부 받아주면 대단히 기분이 좋아집니다. 의존의 구조는 양방

향입니다. 내가 상대에게 의존하면 상대도 나에게 기대옵니다. 서로가 제대로 의존하면 자신도, 상대도 하고 싶은 말을 쉽게 할 수 있습니다. 서로가 믿는 정도를 높이고, 서로가 서로에게 의존하고 있음을 느끼면 양쪽 다 기분이 좋아집니다.

다만 의존도를 높이는 것과 요구 수준을 올리는 일은 다릅니다. 쉽게 말해서 '여기까지 받아들여 줄까?'라고 살피는 일이지, 상대에게 요구하는 수준 자체를 높이는 일이 아닙니다. 상대방을 믿는다며 갑자기 큰돈을 빌려달라고 하거나 무례한 부탁을 해서는 안 됩니다. 부탁을 거절하는 이유는 앞에서 말했듯 상대방이 여러분을 충분히 믿지 못해서가 아니라 받아들일 수 있는 수준을 넘었기 때문입니다. 따라서 요구 수준을 지나치게 올리면 애써 쌓은 신뢰가 무너지고, 상대가 기분 나빠져 문제가 발생하기도 합니다.

여유로운 사람은
자기만의
시간을 보낼 줄 안다

초조한 마음을 해소하고, 언제나 기분 좋은 사람이 되려면 자기만의 시간을 보내는 일도 중요합니다. 사람은 혼자가 되면 마음이 진정되는 법이니까요.

세계적인 베스트셀러 『사소한 것에 목숨 걸지 마라 Don't sweat the small stuff』의 저자 리처드 칼슨 Richard Carlson 은 "배우자가 있어도 혼자 여행을 하는 게 좋다"라고 말합니다. 미국처럼 부부간의 애착이 매우 강한 나라에서는 부부가 따로 행동하면 그다지 좋게 보지 않습니다. 그런 미국에서도 혼자 여행해서 기분이 홀가분해지면 가족에게 상냥해지므로, 자신만의 시간이 필요하다는 칼슨 박사의 주장이 받아들여지고 있습니다.

자기 혼자 시간을 보내는 일은 매우 중요합니다. 마음속에 쌓인 화를 풀어주는 효과가 있기 때문입니다. 마음이 편안해지면 가족도 더 부드럽게 대할 수 있습니다.

동료 의식이 매우 강해서 항상 함께 움직여야 하는 풍토를 가진 기업들이 있습니다. 특별한 약속이 없는 한 점심은 항상 같이 먹어야 한다든가 사기를 충전한다며 1박 2일 워크숍을 주기적으로 가는 곳이 그 예입니다. 또한 유대감이 매우 강해서 무엇이든 함께해야 한다는 가족도 있습니다. 가족 행사에는 무조건 참석해야 하고, 여름휴가 또한 가족 전체가 함께 가지 않으면 의미가 없다고 말합니다. 이렇게 사람들과 강하게 연결된 환경에 있고, 함께할 때 안정감을 느낀다고 해도 혼자만의 시간을 만드는 일은 중요합니다.

때로는 혼자 여행을 가도 좋습니다. 아이가 아직 어려서 오랫동안 혼자 여행하기는 힘들다면, 아이를 배우자나 주변 사람에게 맡겨놓고 카페에 가서 시간을 보내는 식으로 자기만의 시간을 만들 수 있습니다. 아이를 두고 혼자 외출하는 게 두려울 수도 있지만, 혼자만의 시간을 만들어 자신을 되찾으면 아이에게 작은 일로 짜증을 내거나 호통치는 일이 줄어듭니다. 결국 모두에게 좋은 선택입니다. 그러니 별것 아닌 일에도 화가 나고, 자꾸만 울컥한다면 잠깐이라도 좋으니 혼자만의 시간을 모색해봅시다.

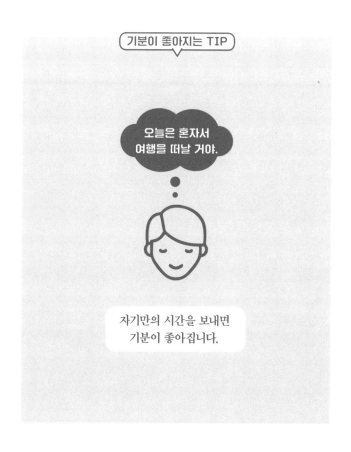

5장 누구에게나 관대해지는 마음 단련법

6장

인간관계가 놀랍도록
술술 풀리는 요령

♡× 상대가
기뻐할 부분을
칭찬한다

우리는 인간관계가 잘 풀릴 때는 기분이 좋아지고, 인간관계가 삐걱거릴 때는 언짢아집니다. 가령 누군가와 싸웠을 때, 따돌림을 당했을 때, 친구가 자신을 받아주지 않을 때, 제대로 자기주장을 할 수 없을 때는 짜증이 나서 모든 일에 심기가 불편해집니다. 결국 짜증 나는 기분을 가라앉히려면 인간관계를 편하게 만드는 일도 중요합니다. 인간관계는 기브 앤드 테이크 Give and Take 입니다. 이쪽에서 먼저 표현하면 인간관계가 좋아집니다. 그렇다면 어떤 식으로 표현해야 할까요? 반복해서 말했듯이 심리학적으로 사람은 자기애가 채워지면 기분이 좋아지고, 자기애가 떨어질 때 언짢아집니다. 따라서 상대의 자기애를 채워주는 일이 핵심이죠.

간병인들은 치매 환자가 틀린 말을 해도 부정하지 않는 편이 낫다고 배웁니다. 상대를 부정하면 그들은 자기애에 상처 입고, 기분이 나빠져서 문제 행동을 하기 쉽기 때문이죠. 자기애를 채워주는 일은 인간관계에서 최고의 선물입니다.

먼저 표현하는 방법에는 몇 가지가 있습니다. 먼저 상대의 좋은 점을 칭찬해주면 자기애가 충족되므로 상대는 기분이 좋아집니다. 때로는 겉치레 말도 중요합니다. 상대의 기분이 좋아진다면 겉치레 말도 한두 마디는 좋습니다.

다만 상대가 바라는 부분을 칭찬하지 않으면 그다지 효과가 없습니다. 외모가 괜찮은 사람은 예쁘다거나 멋있다는 칭찬을 자주 받으므로 외모를 칭찬받아도 크게 와닿지 않을 수 있습니다. 대신 **평소 부족하다고 생각했던 부분을 칭찬해주면 상대가 기뻐할 가능성이 큽니다. "누구에게나 친절하네" "항상 다른 사람의 기분을 생각해주는구나"라는 식으로 외모와는 다른 점을 칭찬하면 상대는 귀를 기울여줄 것입니다.** 무엇을 칭찬하면 상대가 기뻐할지 찾아보고, 상대가 칭찬해주기 바랄 때 말을 꺼내는 것이 가장 효과적입니다.

칭찬에는 타이밍도 중요합니다. 명문대에 막 합격한 사람에게 "그런 대단한 곳에 합격했다니 대단하네"라고 인사를 건네면 기뻐할 것입니다. 하지만 시간이 흘러 3학년이 된 그에게 같은 말을 한다면 무덤덤할 가능성이 큽니다. 졸업반이 다 됐는데 인제 와서 대학에 합격한 일을 칭찬받아봤자 아무 느낌이 없는 거죠. **타이밍을 벗어나면 칭찬해도 별로 효과가 없습니다. 반대로 말하면, 딱 맞는 타이밍에 하는 칭찬은 아무리 사소해도 상대를 기쁘게 만듭니다.**

먼저 호의를
표현하면
상대도 호의를 품는다

상대에게 호의를 표현하는 일도 인간관계를 원만하게 합니다. 누구라도 자신을 좋아해 주는 사람에게는 나쁜 마음이 들지 않는 법입니다. 남녀관계의 경우에는 조금 다르지만, **보통 상대에게 호의를 나타내는 것은 나에 대한 호의를 품게 하는 가장 효과적인 방법입니다.**

소아청소년과 의사들은 환자로 병원에 오는 아이와 신뢰 관계를 만들기 위해 자신부터 아이들을 좋아하려고 노력합니다. 아이를 예뻐하면 그 아이도 자신을 믿게 되고, 치료가 쉽게 이루어지는 경우가 많기 때문입니다.

친구 관계에서도, 직장에서도 마찬가지입니다. 상대가 이성이라면 애정으로 착각할 가능성도 있으므로 조심할 필요가 있지만, 동성이라면 대부분 괜찮습니다. "선배는 참 좋은 사람이에요"라는 말을 들으면 남자끼리든 여자끼리든 분명 불쾌하지는 않을 것입니다. 말로는 "하하. 간지러워서 기분 나쁘니까 그만해"라고 말할지도 모르나 상대는 다른 사람에게 인정받았으므로 기분이 좋아집니다. 그 후의 관계는 상당히 원만해질 것입니다.

직접 호의를 전달하는 방법 외에도 상대를 기쁘게 하는 방법이 있습니다. **상대에게 관심이 있음을 행동으로 표현하는 것이죠. '저 사람은 나한테 관심이 많네?'라는 느낌이 들면 사람은 기분이 좋아지기 마련입니다.** 흥미와 관심은 좋아한다는 표현이므로 상대는 기쁨을 느낍니다. 업무를 가르쳐줄 때 메모하며 신경 써서 듣거나 의견을 적극적으로 물어보는 등 간단한 표현만으로도 상대방에게 호감을 표현할 수 있습니다. 직장의 선후배 관계에서 업무 방식에 매우 관심 있다는 태도를 보이면 선배는 비장의 무기를 가르쳐줄지도 모릅니다.

상대의 이야기를 잘 듣는 것은 인간관계를 부드럽게 하는 기본적인 방법입니다. 이야기를 들을 때 "그래, 그래" "역시 그렇지"라고 맞장구를 치면 상대가 이야기하기 편해집니다.

상대는 술술 이야기를 풀어나가게 되니, 당연히 기분이 좋아집니다. 그다음으로는 '좀 더 당신을 알고 싶다' '당신에게 매우 관심이 있다'는 느낌으로 이야기를 듣는 태도입니다.

대화의 기술 중에는 자신이 관심 있는 일이 아니라 상대가 관심 있는 일을 물어보는 방법이 있습니다. **사람은 자신이 관심 있는 이야기를 상대가 들어줄 때 가장 신이 납니다.** 영화에 관심 있는 사람은 영화에 관련된 이야기를 할 때 가장 기쁘고, 와인에 관심 있는 사람은 "와인에 관해 가르쳐주세요"라는 이야기를 들을 때 기쁨을 느낍니다.

이야기하고 싶지 않은 일에 대해 이것저것 질문받으면 꼬치꼬치 캐묻는 느낌이 들어 불쾌해질 때도 있습니다. 하지만 자신의 취미나 관심사에 대해서는 계속 이야기하고 싶어집니다. 시시콜콜 질문받아도 오히려 즐거울 정도죠.

인터뷰를 특히 잘한다고 평가받는 사람은 대부분 인터뷰하기 전에 상대를 자세히 조사합니다. 그리고 인터뷰할 때 상대의 관심사 쪽으로 화제를 돌려서 그 부분을 먼저 물어보죠. 그러면 상대는 표정을 풀고 술술 이야기하게 됩니다. 그 후에는 민감한 내용을 물어봐도 곧바로 물어봤을 때보다 거부감이 덜하므로 진솔한 대답이 나옵니다. 결과적으로 좋은 인터뷰가 될 확률이 높죠.

"상대가 관심 있는 것에 관심을 보여라"라는 알프레드 아들러의 말처럼, 상대방의 관심사에 관심을 기울이는 것이 좋은 인간관계를 만드는 비법입니다.

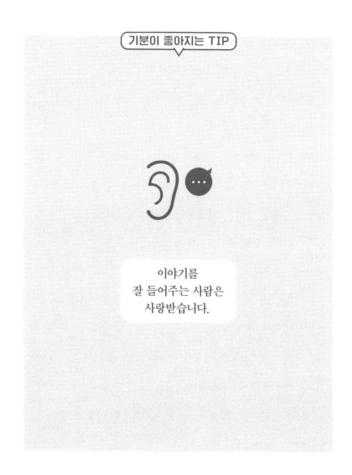

감정 조절 능력은
뇌가
좌우한다

좋은 인간관계를 유지하려면 EQ^{Emotional Quotient,} 감정적 지능지수를 높이는 것도 도움이 됩니다. EQ란 알기 쉽게 말하자면 자신의 감정을 알고 제어하는 방법, 자신의 의욕을 높이고, 상대의 기분을 이해하는 방법을 얼마나 아느냐입니다. 인간관계는 곧 EQ가 얼마나 높은가에 달린 셈입니다.

일반적으로 감정을 조절하는 능력은 나이를 먹으면 먹을수록 향상된다고 여겨져 왔습니다. '젊은 시절에는 자주 감정적이 되었지만, 나이를 먹고 침착해졌다'는 이야기를 한 번쯤 들어본 적 있지 않나요? 하지만 이는 사실이 아닙니다. 나이를 먹을수록 감정 조절 능력이 좋아지는 사람도 있지만, 반대로 감정 조절 능력이 떨어지는 사람도 있습니다. 뇌에서 감정 조절 기능을 담당하는 전두엽이 쇠퇴하고 축소되면 감정 조절 능력이 저하되기 때문입니다.

아무 데서나 막말을 내뱉거나 가게 점원에게 함부로 대하는 노인이 사회적으로 문제가 되기도 합니다. 젊었을 때는 그러지 않았지만 나이가 들며 변한 것이라면 이는 아마 전두엽의 작용이 저하되었기 때문일 확률이 높습니다. 중년이 되면서부터 전두엽의 작용은 서서히 저하되기 시작하는데, 이는 의욕 감퇴로 나타나기도 하고, 작은 일에도 격하게 분노하는 상태가 되기도 합니다.

40대에 들어서면 뇌의 작용이 저하되어 감정 조절 능력이 떨어질 수도 있다는 사실을 아는 것만으로도 화가 갑자기 치밀었을 때, 자신을 제어하기가 쉬워집니다. 외부의 상황 때문이 아니라 나의 신체 때문에 화가 난다는 사실을 인지하고 있기 때문입니다. 또한 50대 전후가 되면 여성도, 남성도 갱년기 장애를 겪을 수 있습니다. 그런 상태일 때도 감정 조절이 어려워집니다.

사회적 입장도 감정 조절 능력을 저하시킬 수 있습니다. 인간은 나이를 먹으면 '내가 윗사람이다' '내가 지위가 높다'라고 생각하므로 자기보다 아랫사람의 일에 쉽게 공감하지 못합니다. 게다가 주변 사람이 자신을 제대로 상대해주지 않고 골칫거리 취급을 하면 자주 화를 내게 됩니다. 상대에게 미움받을 일이 많아지는 것도 당연합니다.

타인에게 미움받는 이유는 대개 이야기가 지루하다거나 분위기를 읽지 못한다는 사소한 것이 아닙니다. **자신의 사고방식을 강압하거나 듣기 싫은 말을 하는 등 상대의 자기애에 상처 주는 경우가 대부분이죠. 즉, 상대가 마음속에 묻어둔 지뢰를 무신경하게 밟기 때문입니다.**

30대, 40대가 되면 자기보다 어린 사람과 접할 때 위에서 내려다보는 시선으로 자신의 사고방식을 강압하는 경향이 생깁니다. 쉽게 말해 나이를 먹으면 부주의해지기 쉽다는 뜻입니다. 상대의 자기애에 상처를 입혀서 인간관계에 금이 가기도 합니다. 방심하면 마음속 지뢰를 밟아서 되돌릴 수 없는 관계에 이를 수도 있습니다. 30대 이상이 되면 자기보다 나이 어린 사람을 대할 때 충분히 생각하고, 조심해야 합니다.

흔히 인간관계는 어렵다고 하지만, **부주의하게 상대의 감정을 건드리지 않도록 조심하면 됩니다.** 사람은 무심코 쓸데없는 말을 하기 마련입니다. 중요한 일이 아니라면 상대도 잊어버리지만, 상대가 가장 싫어하는 말을 해버리면 앙심을 품

게 됩니다. 모든 말을 주의하려면 어려울 수도 있지만, 상대가
듣기 싫어할 말만은 어떤 일이 있어도 내뱉지 않는다고 생각
하면 부담감이 조금 줄어듭니다.

♡× **인간관계에
지나치게
선을 긋지 않는다**

누군가에게 칭찬받았을 때는 의심하지 말고 순수하게 기뻐하면 됩니다. 겉치레로 한 말이라고 생각해 지나치게 깊이 생각해봤자 이로운 일은 없습니다.

덮어놓고 사람을 의심하기보다 선을 정해놓고, 그 단계를 넘었을 때만 의심하는 편이 여러분에게도 도움이 됩니다. 예를 들어 몇 년 만에 동창생이 전화를 걸어와서 "안녕. 오래간만이야. 열심히 살고 있구나"라고 했다고 합시다. 이때 '무슨 속셈이 있는 게 아닐까?'라고 생각해서 처음부터 거부 반응을 보이면 중요한 이야기를 듣지 못할 수도 있습니다. 아무리 오랜만이라도 안부 인사는 반갑게 받아주는 걸 기준으로 정해 보면 어떨까요? 일단 이야기를 듣고, 무리한 요구를 해온다면 그 시점에서 거절하면 됩니다. 자신이 유혹에 약한 편이라면 기준선을 그보다 좀 더 올리면 되겠지요.

인간관계에서 조금의 틈도 허용하지 않으려고 엄격하게 선을 그을 때의 문제는 또 있습니다. 그 선을 넘어 누군가를 받아들이면 오히려 무장해제되는 경향이 있다는 것입니다. 한번 내 편이라고 인식한 사람은 무조건 믿거나 퍼주려고 합니다. 의심하려고 하지도 않고, 자신에게 상처 줘도 '친하니까 그러는 거야'라며 넘어갑니다. 사회심리학 실험 중 하나에 따르면, '다른 사람은 모두 도둑이다'라고 의심하는 사람은 일단 사람을 믿는 사람보다 더 잘 속는다고 합니다. 다른 사람을 향해 지나치게 장벽을 높이 쌓아 올리면 누군가 그 장벽을 넘는 순간 제동을 걸지 못하는 거죠.

대인관계에서 지나치게 선을 긋고 장벽을 쌓아 올리면 대다수의 사람을 거부하게 됩니다. 그러니 적당히 틈을 주는 동시에 넘어서는 안 되는 기준선을 확실히 설정하는 편이 낫습니다. 가령 회사에서 작은 실수가 생길 때마다 무조건 상대방에게 잘못을 물으면 인간관계가 유지되지 않습니다. 툭하면 화내는 사람에게 마음을 털어놓거나 업무와 관련된 조언을 받고 싶을까요? 사소한 일로 "아, 정말 싫다"라고 반응하기 시작하면, 기분 나빠지는 횟수가 걷잡을 수 없이 늘어납니다.

스스로 기준을 정해놓고 '여기까지는 괜찮지만, 여기부터는 허용할 수 없어. 이 선을 넘어오면 거절하는 거야'라고 정해봅시다. 기분이 나빠질 일도 줄어들고, 거절할 때도 마음이 편합니다. 결국 자신을 확실히 지키는 방법입니다.

기분이 좋아지는 TIP

기준선을 정하면
기분 나빠질 일도 줄어들고,
거절도 쉽게 할 수 있습니다.

잘못했다면
일단
사과하라

　　인간은 누구나 실수나 실패를 하는 존재입니다. 주변 사람과 인간관계를 잘 유지하고 싶다면, 실수했을 때는 바로 사과해야 합니다. 예를 들어 친구와의 약속 시각에서 30분이나 지각했다고 합시다. 30분 늦은 정도로 인간관계가 파탄 나는 일은 거의 없습니다. 친구가 아무리 화났더라도, 제대로 사과하고 다시 같은 일을 반복하지 않도록 노력하면 어떻게든 됩니다. 그런데 "고작 30분인데 그것도 못 기다려줘?" 하고 고집을 부리며 사과하지 않거나 "어제 늦게까지 술을 마셔서 오늘 늦게 일어났지 뭐야" 같이 변명을 하면 상대에게 강한 불신감을 주므로 인간관계에 금이 갈 수도 있습니다.

칭찬받을 일은 아니지만, 누구라도 지각은 할 수 있습니다. 약속 시각에 맞춰 집을 나왔다고 해도 교통 사정 등으로 늦게 도착할 수도 있죠. 변명을 늘어놓기 전에 먼저 "늦어서 정말 미안해"라고 사과합시다. 사고로 전철이 늦어지는 등 자신에게 전혀 잘못이 없는 경우라도 먼저 사과해야 합니다.

"늦어서 미안해"라고 사과한 다음 "실은 사고가 있었어"라고 말하면 상대는 "30분이나 늦어서 걱정했어"라고 대답할 확률이 높습니다. 처음부터 변명하기 시작하면 상대는 '늦어 놓고 왜 이렇게 당당해?'라고 생각하겠지만요.

중요한 것은 실수를 되풀이하지 않는 일입니다. 제대로 후속 관리를 하면 실수했더라도 심각한 결과를 초래하지는 않습니다. 상대를 조바심 나게 할 일도 없고, 자신도 걱정할 일이 없죠. 가장 안 좋은 것은 얼버무리려는 태도입니다. 예를 들어 업무에서 실수했을 때 지적받는 것이 무섭다고 어떻게든 감추려고 하면, 시간이 지나 들켰을 때는 이미 되돌릴 수 없는 상황인 경우가 많습니다.

대부분의 경우, 일단 사과하는 편이 숨기고 넘어가려고 하는 것보다 손실이 적습니다. 인간관계에서도 마찬가지죠. 사과하지 않고 배짱을 부리기보다 솔직하게 사과하고 더는 재발

하지 않도록 노력하는 편이 사태 악화를 막을 수 있는 방법입니다.

어떤 남성 영업사원이 일 때문에 언제나 한밤중에 집에 돌아온다고 합니다. 집에 오는 시간에 아내는 거의 자고 있죠. 그는 늦게 들어온 날이면 꼭 아침에 일어나자마자 맨 먼저 아내에게 사과를 합니다. 아내는 전날의 일을 바로 사과받았기에 별로 화가 나지 않습니다. 그렇게 두 사람이 서로 합의한다면 부부는 원만하게 지낼 수 있죠.

만약 남편이 "업무 때문에 가는 술자리니까 어쩔 수 없잖아"라는 식으로 변명부터 늘어놓으면 부부 관계는 악화될 것입니다. 이처럼 잘못했다면 먼저 사과해야 인간관계가 원만하게 흘러갑니다. 심하게 대립할 일이 없어야 서로 기분 좋게 지낼 수 있습니다. 이쪽에서 성의를 보인다면 마음이 통할 것이라고 믿고 제대로 사과하면 큰 문제에 봉착하는 일은 분명 없을 것입니다.

물론 지나치게 겉치레하며 사과한다면 오히려 역효과가 날 수도 있습니다. 만약 "정말 미안해, 다시는 안 늦을게. 정말 죽을 죄를 지었어. 나는 정말이지 죽어야 해"라는 식으로 대응한다면 차라리 사과를 안 하느니만 못한 결과를 낳으니 주의하세요.

겸손한 사람은 인간관계가 원만하다

제가 예전에 도호쿠대 의학부의 노년 내과에서 비상근 강사로 일했을 때, 그곳에 매우 겸손한 교수가 있었습니다. 일반적으로 대학병원의 교수는 권위를 내세우는 경우가 많아 거만하다고 생각했지만, 그 교수는 전혀 달랐죠.

환자의 상태가 나쁘다고 하면 황급히 병동으로 뛰어갔고, 진료 시간 외라도 담당 환자가 방문하면 바로 진찰을 해줬습니다. 저 같은 비상근 강사에게도 "특별히 도쿄에서 와주셔서 감사합니다"라고 매우 정중히 대해줬습니다. 실력이 있는 데다가 겸손했으므로 병원 사람들 모두가 그를 좋아했습니다.

교수가 겸손하면 다른 의사들도 겸손해집니다. 교수를 보고 배우니, 환자를 대할 때도 매우 친절했습니다. 교수가 거만해서 권력을 휘두르면 병원 사람들은 불만을 표출할 배출구를 만들려고 합니다. 간호사나 환자에게 거만하게 굴거나 고압적인 태도를 보이기도 합니다.

결국 대학병원 의사의 태도는 가장 윗사람인 교수 하기 나름이라고 말할 수 있습니다. 겸손하면서도 실력 있는 교수가 윗자리에 있으면 실력도 없는데 거만하기까지 한 사람이 눈에 확 띄어 병원 전체의 분위기가 좋아집니다.

겸손한 자세는 주변으로부터 좋은 평가를 받게 도와주고, 인간관계를 맺을 때도 도움이 됩니다. 지위가 높은 사람일수록 머리를 숙이는 일은 가치가 큽니다. 영업 현장에서도 영사원이 머리를 숙이는 것보다 부장이 직접 가서 사과하거나 부탁하면 상대가 더 기쁘게 받아들입니다. 사장이 머리를 숙이면 한층 더 그럴 것입니다.

오부치 게이조小渕恵三 전 일본 총리는 다양한 사람에게 직접 전화를 걸어 조언을 받았다고 해서 '부치폰'이라는 별명을 얻었습니다. 총리가 자신에게 직접 전화해서 의견을 듣고 싶다고 하면 사람들은 더할 나위 없이 기쁠 것입니다. 그래서 많은 사람이 오부치 전 총리의 팬이자 조력자가 되었습니다. 지위가 높은 사람의 겸손한 자세는 이렇게 대단한 효과가 있습니다.

　세상에는 지위가 올라가면 잘난 체하는 사람이 수없이 많습니다. 그렇게 되지 않으려면 젊은 시절부터 겸손한 자세가 몸에 배도록 해야 합니다. 높은 지위에 있을 때는 그 태도로도 불편할 게 없을지 모릅니다. 권력이 있으므로 주변에서도 맞춰주니까요. 하지만 사람들은 거들먹거리는 이에게 알게 모르게 차가운 시선을 보내게 됩니다. 그리고 그 사람이 실패했을 때 심하게 비난하기 시작하죠. 젊은 시절에는 당연히 겸손해야 문제가 없고, 지위가 올라간 다음에도 겸손한 태도를 유지해야만 높은 평가를 받을 수 있습니다. 주변에서 좋은 평가를 해주면 자기애가 충족되므로 마음은 자연히 즐거워집니다.

♡x 미움받고 싶지 않은 마음을 버리면 편해진다

　　인간관계가 원만해지도록 만드는 방법을 몇 가지 소개했지만, 이쪽이 아무리 성의를 다한다고 해도 모든 사람이 나를 좋아할 리는 없습니다. 다른 사람에게 미움받고 싶지 않다는 욕구가 강한 사람도 있겠지만, 사람이라면 어쩔 수 없이 누군가에게 미움을 받게 됩니다. 따라서 미움받는 일을 지나치게 두려워하지 않아야 합니다. 누군가 나를 싫어해도 상관없다고 생각하는 여유가 필요합니다. '나를 싫어하는 사람이 단 한 명이라도 있어서는 안 돼' '모두가 나를 좋아했으면 좋겠어'라고 생각하면 그 생각 자체로 스트레스가 됩니다.

인간관계에서는 자신을 싫어하는 사람이 있고 없고를 따지는 것보다 내 편을 만드는 일이 훨씬 중요합니다. 한 사람이라도 내 편이 있다면 그것으로 충분하죠. 한 가지 더 주의할 사항이 있습니다. 바로 불필요하게 적을 늘리지 않는 일입니다. 반대되는 말 같지만, 결과적으로 내 마음을 편하게 하는 방법이라는 점은 동일합니다. 적이 있어도 상관없긴 하지만, 굳이 적을 늘릴 필요는 없습니다. 누군가를 싫어하는 마음을 드러내면 적이 아니었던 사람까지 적으로 돌리게 됩니다. '저 사람이 그냥 본능적으로 싫어'라는 마음을 겉으로 드러내면 상대는 확실히 당신을 싫어하게 됩니다. 필요 이상으로 인간관계를 귀찮아하지 않는 일도 중요합니다. 서로 감정을 주고받아야 하는 인간관계가 어느 정도 귀찮은 것은 당연하니까요.

상대의 기분은 알 수 없으며, 어떻게 반응할지도 알 수 없습니다. 타인의 기분을 예상하려고 하면 짐작이 빗나가서 기분 나빠질 일이 많습니다. 예상하지 않으면 깜짝 놀랄 일은 있겠지만 오히려 불쾌할 일은 줄어듭니다. 그러니 예측이나 기대 없이 사람을 대하는 편이 더 낫습니다.

한마디로 여러분을 좋아하는 사람도, 싫어하는 사람도 있겠지만 그것이 당연하므로 신경 쓰지 않도록 합시다.

6장 인간관계가 놀랍도록 술술 풀리는 요령

나를 싫어하는 사람에게
신경 쓰지 않을 거야.

미움받지 않으려고
애쓰기보다는
내 편을 늘리는 게 낫습니다.

남들에게
칭찬받지 않아도
괜찮다

세상 사람들은 칭찬이 상대를 성장시키는 가장 좋은 방법이라고 하지만, 심리학자인 알프레드 아들러는 상대를 칭찬하지 말라고 합니다. 어째서일까요? **칭찬받은 사람이 칭찬한 사람의 가치관에 물들기 때문입니다. 상대를 칭찬하면 그는 '어떻게 하면 좀 더 칭찬받을 수 있을까?'라며 기대에 부응하고 싶어집니다.**

알프레드 아들러는 본인이 하고 싶은 일을 찾도록 지원하는 게 용기를 북돋는 가장 효과적인 방법이라고 생각했습니다. 칭찬은 상대를 자신의 가치관에 물들게 하므로 상대가 진정으로 하고 싶은 일을 막을 가능성이 있습니다.

　엄마가 아이를 칭찬할 때를 생각해보면 이해하기 쉽습니다. 가령 엄마가 아이의 축구 실력을 칭찬하면 아이는 '축구를 잘하는 것은 좋은 일이다'라는 가치관을 갖게 됩니다. 시험에서 좋은 성적을 받았을 때 칭찬하면 '공부를 잘하는 것은 좋은 일이다'는 가치관이 생기죠. 엄마가 텔레비전 속 아이돌 가수를 멋있다고 칭찬하면 '멋있는 것은 훌륭하다'라는 가치관이 자라납니다. 물론 육아할 때는 아이를 올바르게 자라도록 유도하는 것도 어느 정도 필요하므로 의도적으로 칭찬하는 경우도 있습니다. 아이가 도덕적으로 옳은 일을 했을 때는 칭찬해주는 게 맞습니다.

　반면 어른의 인간관계에서는 칭찬으로 상대의 가치관을 바꾸는 일이 그리 간단하지는 않습니다. 따라서 기업 사회에서는 긴 세월을 들여 일을 잘하는 사원을 극구 칭찬하는 방식으로 회사에 충성하는 것이 좋다는 가치관을 뿌리내리려 합니다. 그렇게 생각하면 회사에서 "잘 해줬어" "열심히 했어"라고 칭찬받았다고 해도 무조건 기뻐할 일인지 판단하기 어려워집니다. 나도 모르게 회사의 가치관에 길드는 것뿐인지도 모릅니다. 회사의 칭찬을 받기 위해 야근을 당연시하는 문화가 생겨나기도 합니다.

반대로 생각하면 회사에서 할 일만 제대로 한다면, 칭찬은 커녕 지적만 받더라도 크게 신경 쓸 일이 아닐 수 있습니다. 칭찬받지 않으면 회사의 가치관에 휘둘리지 않을 수 있으니까요. 그러니 회사에서 칭찬보다 지적을 많이 당해도 '나는 타인의 가치관에 휘둘리지 않는 거야'라고 생각하면 크게 마음이 불편한 일은 없어집니다.

6장 인간관계가 놀랍도록 술술 풀리는 요령

♡✗ **다른 사람의**
감정에
휘말리지 않는다

　　여러분의 주변에 안절부절못하고 심기가 불편한
사람이 늘어나고 있지 않나요? 안 좋은 기분은 쉽게 전염되므
로 그런 사람들에게 영향받지 않도록 주의해야 합니다. 회사
에서 근무하는 사람은 저기압 상태인 상사나 동료를 매일 만
날 확률이 높습니다. '저 사람은 왜 저렇게 기분이 안 좋은 거
야?'라고 느낄 때도 있겠죠.

　기분이 나쁜 상태의 사람은 그 기운을 퍼뜨리고, 주변을 휘
말리게 합니다. 회사에서는 한 사람만 심기가 불편해도 주변
모두가 눈치를 보게 됩니다. 특히 상사가 기분 나쁘다고 자꾸

티 내면 회사 분위기가 딱딱해져서 업무에 지장이 생길 정도입니다. 항상 기분이 안 좋아서 부하 직원들에게 마구 호통을 치고, 권위를 내세워 괴롭히는 상사도 있을 것입니다. **나쁜 기운에 휩쓸리지 않도록 그런 사람과는 감정적인 측면에서 거리를 두어야 합니다. 그가 기분 나쁜 상태라고 해서, 나까지 영향받을 필요는 없습니다.**

동네 아이의 부모들을 만나봐도 유난히 불만이 많은 사람이 꼭 있습니다. 그런 사람은 자신의 감정을 노골적으로 드러내서 주변을 지배하려는 경향이 있습니다. 불만 가득한 사람이 한 명만 있어도 그룹 전체가 그 사람의 기분에 휘말리고 맙니다. 그룹에서 빠지고 싶어도 아이를 위해 어쩔 수 없이 관계를 유지하고 있는 사람에게는 만남 자체가 괴롭습니다.

인터넷상에서도 말꼬리를 잡고 늘어지는 식으로 상대를 기분 나쁘게 하는 사람이나 남의 험담만 쓰는 사람, 타인을 심하게 비난하는 사람 등 심기가 불편해 보이는 사람이 많습니다. 이렇게 불만 가득한 사람들이 증가하고 있으므로 그런 사람에게 제대로 대응할 방법이나 무시하는 방법을 생각해둘 필요가 있습니다.

주변의 영향을 받아 기분 나쁜 상태가 된다면, 자신 역시 주변에 해를 끼치는 존재가 될 수도 있습니다. 주변 사람들이 나를 두고 '저 사람하고는 어울리고 싶지 않아'라고 생각하고 있을지도 모릅니다. 사실 나도 피해자인데, 그런 눈총까지 받으면 얼마나 억울할까요? 그러니 부정적인 기운을 받아서 내 기분까지 망치지 않도록 자신의 감정을 잘 다스려야 합니다.

♡× 쉽게 상처받는다면
극복할 방법을
미리 생각하라

세상에는 언짢은 기분을 스스로 조절하지 못하고 타인을 괴롭히는 사람이 있습니다. 회사에서 권력을 내세워 큰소리를 내며 주변을 괴롭히는 사람도 있고, 자식의 친구 엄마에게 심술궂게 대하는 사람도 있습니다.

이런 사람을 피해서 살아가면 좋겠지만 현실적으로 상당히 어려운 일입니다. 민폐를 끼치는 사람은 어디에나 있으므로 여러 번 같은 경험을 하게 되죠. 매번 상처받는 것은 괴로우므로 상처받기 쉬운 사람이라면 극복할 방법을 생각해두는 것이 중요합니다. 학교를 다닐 때 다양한 문제를 통해 극복하는 기술을 터득하면 좋겠지만, 요즘 학교에서는 그런 건 가르쳐주지 않습니다.

학교에서 다른 사람을 따돌리거나 괴롭히지 않도록 교육하는 일은 중요합니다. 그러나 괴롭힘당한 사람이 극복할 방법을 가르쳐주는 일 역시 중요하죠. 유감스럽게도 사회에는 타인을 괴롭히는 사람이 종종 있으니까요. 자신과 잘 맞지 않는 사람도 존재합니다. 그런 사람에게 현명하게 대응하는 대인관계 기술을 익히지 못한 채 사회에 나오면 불쾌한 감정이 스트레스가 되어 점점 쌓이고, 결국 몸과 마음이 망가지게 됩니다.

따라서 스스로 상처를 빠르게 극복하는 기술을 배워야 사회에서 살아남을 수 있습니다. 사회에 나온 다음이라도 괜찮습니다. 한 번 방법을 습득하면 나중에 비슷한 사람을 만나도 쉽게 대응할 수 있습니다. 당장은 괴롭더라도 문제를 뒤로 미루기보다 대처 방법을 터득해두는 편이 좋습니다.

사실 그 방법은 의외로 간단합니다. 바로 자신의 감정이나 상황을 타인에게 솔직하게 알리는 것입니다. 쉽게 상처받는 사람은 대부분 자신의 기분을 제대로 털어놓지 못합니다. 상처받고 있음을 알리고 싶지 않은 사람도 있고, 가족에게 걱정 끼치고 싶지 않은 사람도 있습니다. 하지만 **솔직히 털어놓으면 해결 방법을 발견할 수 있고, 극복할 길이 열립니다.**

타인에게 이야기하다 보면 기분이 정리되면서 일단 진정할 수 있습니다. 혼자서 생각하다 보면 점점 더 심각한 쪽으로 결론을 내리게 됩니다. 그리고 깊게 생각하다 보면 더 우울해지죠. 문제가 절대 해결되지 않을 것처럼 느껴지기도 합니다. 하지만 다른 사람과 상담하다 보면 자신은 생각하지 못했던, 좋은 대응 방법을 찾을 수도 있습니다.

예를 들어 동네 지인이 문제라면 배우자나 그를 모르는 다른 친구에게 상담해봅시다. 기분이 조금 가벼워질 겁니다. 바로 해결되지 않아도 일단 첫걸음을 내딛는 것이 중요합니다. 한번 극복해보면 다음에 비슷한 경험이 생겨도 마음을 추스르는 데 매우 도움이 됩니다.

7장

사소하지만 강력한
기분 전환법

아기도
웃는 얼굴에
반응한다

당연한 말 같을 수도 있지만, **짜증 나는 상태에서 벗어나 기분이 좋아지는 가장 간단한 방법은 웃는 얼굴을 만드는 일입니다.** 웃는 얼굴의 효과는 아기에게 얼굴 사진을 보여주는 실험으로도 밝혀져 있습니다. 아직 아무것도 모르는 아기에게 여러 표정이 담긴 사진을 보여주면, 그중 웃는 얼굴에 반응해서 방긋 웃습니다. 반대로 화난 얼굴을 보여주면 아기의 얼굴에서도 웃음이 사라집니다. 결국 웃는 얼굴에 기분이 좋아지는 것은 본능적인 반응이라고 말할 수 있습니다.

실제로 주변에 아기가 있다면 한번 시험해봅시다. 아기에게 웃는 얼굴을 보이면 아기도 웃는 얼굴로 반응해줍니다. 웃는 얼굴만으로 아기를 즐겁게 만들 수 있는 것이죠. 또, 아기가 웃으면 이쪽도 기분이 매우 좋아지므로 결국 집안 가득 웃음꽃이 핍니다. 인간관계는 양방향이므로 웃으면 서로 기분이 좋아지는 셈입니다.

치매에 걸린 노인을 대할 때도 웃는 얼굴은 매우 중요합니다. 타인에게 폐를 끼친 노인에게는 화내고 싶지만, 그들은 아무것도 모르는 데다가 짜증 나는 얼굴을 보이면 그 기분이 전달되어 상대가 더욱 예측 불가능한 행동을 한다고 합니다. **웃는 표정으로 대응하면 상대의 표정도 누그러지고, 마음도 진정됩니다. 웃는 얼굴은 이렇게 매우 효과적입니다.**

정신과 의사는 웃는 얼굴을 일할 때 사용합니다. 특히 과거의 정신과 의사는 무조건 웃는 얼굴을 한 채 환자를 맞으려고 노력했습니다. 기분 나쁠 정도로 싱글벙글한 정신과 의사도 많았죠. 이는 환자와 신뢰 관계를 만들기 위해 매우 중요합니다. 또한 병의 영향으로 공격적인 환자도 있으므로 정신과 의사가 계속 무뚝뚝한 얼굴을 하고 있으면 신변의 위험이 생길 수도 있습니다. 따라서 정신과 의사에게는 원활한 대인관계를 위해서도, 위험을 회피하기 위해서도 웃는 얼굴이 매우 중요합니다. 즉, 웃는 얼굴은 다른 사람을 위해서이자 동시에 자신을 위해서이죠.

예전부터 동양인은 무표정하다는 소리를 많이 들었습니다. 특히 모르는 사람 앞에서는 마치 탈이라도 쓴 것처럼 표정이 바뀌지 않는 사람도 있습니다. 서양인에게 '말을 걸기 어렵다' '무엇을 생각하는지 알 수 없다'라는 인상을 줬죠. 반면에 서양 사람들은 표정이 풍부하고 새로운 사람을 만날 때도 항상 방긋 웃으며 호의적인 분위기를 자아냅니다.

이런 차이는 사회적인 환경에 의해 발생합니다. 특히 섬나라인 일본은 사람들의 성질이 비슷해서 대화해보지 않고도 상대가 생각하는 바를 어느 정도 상상할 수 있습니다. 비슷한 감성을 지니고 있으므로 대화를 나누지 않아도 생각을 살피는 것이 가능합니다.

반면에 서양에서는 그럴 수가 없습니다. 다양한 인종, 민족, 종교가 섞여 있으므로 무슨 생각을 하는지 서로 쉽게 살필 수 없습니다. 그래서 상대에게 공격받지 않으려면 '나는 당신에게 적의가 없습니다'라는 메시지를 보내야 합니다. 그 방법 중 하나로 활짝 웃는 것이죠. 의식해서 웃는다기보다 오랜 세월 동안 습관이 되어서 어디를 가더라도 무의식중에 웃게 되는 것입니다.

웃는 얼굴을 보면 상대가 자신에게 적의가 없다는 사실을 알 수 있습니다. 그렇지 않으면 공연히 싸움이 일어날지도 모릅니다. 아주 극단적이지만, 과거에는 경우에 따라서 죽을 수도 있었죠. 서양 사회에서 신변의 안전을 지키려면 웃는 얼굴을 지어야 했습니다.

동양에서는 포커페이스를 유지하는 사람을 '쿨하다'고 인정해주기도 하지만, 서양에서는 그런 사람을 대부분 기분 나쁘게 여기며 과도할 정도로 적의를 품기도 합니다. 이런 불필요한 적의를 피하고자 어린 시절부터 무의식적으로 웃는 얼굴을 연습하는 거죠.

지금은 동양인도 가치관이 다양해지고, 세대 간의 사고방식에도 차이가 있으므로 표정만으로 상대의 기분을 읽어내기가 어려워졌습니다. 이제 모든 사람이 방긋 웃는 연습을 하는 편이 좋겠습니다. 웃는 얼굴은 서로의 기분을 밝게 하니까요.

♡✕ **화내는 버릇과**
    웃는 버릇은
    얼굴에 남는다

저는 안티에이징의 권위자인 클로드 쇼샤르 Claud Chauchard 와 일하고 있습니다. 젊어 보이는 방법 중에 '보톡스 치료'가 있습니다. 얼굴에 보톡스를 주사해서 근육의 수축을 약하게 하는 방식으로, 얼굴 주름을 없애 젊어보이게 합니다. 주름이 많은 사람도 큰 효과를 볼 수 있죠.

그러나 주름이 깊게 팬 사람은 보톡스 치료로 크게 효과를 보지 못할 수도 있습니다. 주름은 하루아침이 아니라 오랜 시간이 걸려서 만들어집니다. 생긴 지 얼마 안 된 주름은 보톡스로 펼 수 있지만, 오랜 세월에 걸쳐 만들어진 주름은 제대로 퍼지지 않습니다.

보톡스 치료를 하며 깨달은 것은 얼굴 주름이 개인의 버릇에 따라 생긴다는 사실입니다. 30대부터 항상 불쾌하다는 듯 찡그린 얼굴을 하고 있으면 그 모습이 버릇되어 찡그린 표정 그대로 미간 등에 주름이 생겨버립니다. 그 상태가 지속되면 50대에 보톡스를 맞아도 효과가 거의 나타나지 않습니다. 반면 젊은 시절부터 항상 웃고 다니는 사람은 눈꼬리나 입꼬리에 웃는 모습으로 주름이 생깁니다. 이 때문에 보톡스를 맞으면 다른 주름은 줄어들고 웃어서 생긴 주름만 남습니다. 보톡스 치료를 통해 젊어지는 동시에 웃는 얼굴이 한층 더 두드러지는 것입니다.

주름을 없애도 웃는 얼굴로 보이지 않으면 무표정해 오히려 부자연스러운 느낌을 주죠. **표정은 오랜 세월에 걸쳐 만들어집니다. 웃는 표정을 자주 지으면 웃는 근육이 단련되고 그 이외의 근육은 약해져서 웃는 게 습관이 됩니다.** 시간이 걸릴지도 모르지만 일단 웃는 버릇이 생기면 그 후로는 어려움 없이 항상 그 상태를 유지할 수 있습니다.

웃는 얼굴만큼 인간관계를 부드럽게 만드는 것은 없으므로 버릇을 들여보는 건 어떨까요? 항상 화내는 얼굴을 하고 있으면 사람들이 가까이 다가오지 않습니다. 사실 전혀 화가 난 상태가 아닌데도, 주변 사람들이 "저 사람은 기분이 나빠 보인다" "항상 화가 나 있다"며 오해하고는 점점 멀어지게 됩니다.

새침한 표정의 사람 주변에도 사람은 모여들지 않습니다. 감정을 덜 표현하는 편이 멋있다고 생각되어도 주변 사람이 떠나간다면 은근히 신경 쓰일 수밖에 없습니다. 예능인 중에는 무뚝뚝하고 도도한 모습을 자신의 캐릭터나 매력 포인트로 삼는 사람도 있지만, 말 그대로 방송용 이미지이지 그들도 업무 관계로 만나는 사람에게는 웃는 얼굴로 대합니다.

언제나 표정이 온화한 사람은 사랑받습니다. 이성이든 동성이든 상관없이 호감을 사고, 노인이나 어린이에게도 사랑받죠. 웃는 얼굴이 되면 주변 사람을 웃게 할 수 있으므로, 결과적으로 자신도 기분 좋은 상태가 됩니다.

웃는 얼굴은
모두에게 사랑받습니다.

무뚝뚝한 분위기를
바꾸는 힘은
웃음에 있다

일본에서 오사카라는 지역에 대해 어떤 이미지를 갖고 있냐고 물어보면, 만담을 떠올리는 사람이 많습니다. 저도 어린 시절에 오사카에서 살았기 때문에 잘 아는데, 그들은 일상생활에서도 항상 농담으로 상대를 웃기려고 합니다. 오사카 특집 방송을 봐도, 거리를 다니는 평범한 사람들 모두가 예능인 같은 반응을 보이는 탓에 다른 지역 사람들이 놀라기도 합니다.

이런 특징은 오사카가 상인의 도시로 번영해왔기 때문일 것입니다. 지배 계급인 무사들이 주로 살던 도쿄와는 다르게, 오사카에는 일반적으로 서민이 살았습니다. 따라서 상거래할 때 붙임성이 좋지 않으면 돈을 벌 수 없었죠. 상대를 웃게 하는 말솜씨도 물건을 팔아 돈을 버는 방법이자 손님을 대접하는 방법의 하나입니다.

상거래 할 때의 대화는 돈벌이와 관련되었으므로 타협이 중요합니다. 손님이 "조금이라도 깎아주세요"라고 했을 때 딱딱한 말투로 "아니요, 그건 안 돼요"라고 딱 잘라 거절하면 거래가 제대로 성사되지 않습니다. 대신 웃음을 머금고 "에이, 그건 좀 심하지요"라거나 "사장님, 그건 안 돼요. 이 가격도 정말 싸게 드리는 거예요" 식으로 말해서 원만하게 수습해야 하죠.

제가 이 차이를 정말로 실감했을 때는 도쿄를 중심으로 하는 간토關東 지방의 가전 판매점과 오사카와 교토를 중심으로 하는 간사이關西 지방의 가전 판매점을 비교했을 때입니다. 도쿄의 가전 판매점은 처음부터 할인된 가격표를 붙여놓으므로 손님들은 거의 그 가격 그대로 물건을 사갑니다. 도쿄 사람은 가격표에 쓰인 가격이 이미 정가에서 20%, 30% 할인된 것임을 알고 있으므로 깎아달라는 요청조차 하지 않는 겁니다.

그런데 도쿄에 출점한 간사이 지방의 가전 판매점에서 제품을 사려고 하니 전혀 달랐습니다. 간사이 출신 사람은 이미 할인된 가격이라고 해도 거기에서 얼마를 더 깎을 수 있는지가 승부라고 생각합니다. 실제 점포 안에는 가격표보다 더 깎아달라고 교섭하는 사람이 많아서 오사카 사투리와 웃음이 차 있었습니다.

오사카 사람은 정가로 사고 싶지 않다는 생각에 일단 깎으려고 합니다. 조금이라도 깎으면 매우 이득을 본 기분이므로 웃음을 섞어가면서 계속 시도하죠. 판매자도 손님이 가격을 깎을 것을 알고 있으므로 처음부터 조금 가격을 높게 붙여 놓습니다. 여기서 조금 깎아주면 결국 도쿄의 가전 판매점과 가격이 똑같은 셈이지요. 이때 무뚝뚝한 표정으로 할인 교섭을 하면 아마 험상궂은 분위기가 될 것입니다. 하지만 억양의 높낮이가 심한 사투리로 웃음을 섞어가면서 거래하므로 즐거운 분위기입니다. 웃음은 딱딱한 상거래에서 서로 불쾌해지지 않기 위한 상인의 지혜라고 해도 좋을 것입니다.

오사카에는 이렇게 일상생활에 웃음이 침투해 있음에도, 사람들은 희극 전문 극장에 일부러 찾아가기도 합니다. 낙엽만 굴러가도 즐거운 젊은이들을 웃게 하는 것은 간단하지만, 웬만한 일에서는 꿈쩍도 하지 않는 노인들을 크게 웃기기는 힘듭니다. 그럼에도 오사카 사람들은 계속해서 즐거운 기분을 유지하기 위해 노력하는 셈입니다. 물론 오사카 사람들도 언

제나 기분 좋을 수는 없겠죠. 마찬가지로 심기가 불편한 사람
도 많습니다. 하지만 그들에게는 안 좋은 기분이 들 때도 웃어
넘기자는 씩씩함과 극복하려는 의지가 있는 셈입니다.

♡✗　밝은 인사만으로
　　　상황이
　　　바뀐다

　　　웃는 얼굴은 타인과의 관계를 부드럽게 만듭니다. 손님을 대할 일이 많은 서비스업 회사에서는 사원들에게 웃는 표정을 연습시키기도 합니다. 서비스업이 아니라도 웃는 연습은 도움이 됩니다. 거울 앞에서 웃는 연습을 해봅시다. 가장 유명하고, 쉽게 할 수 있는 것은 연필을 가로로 물고 "이~"라고 소리내는 연습입니다. 입꼬리가 올라가서 하얀 이가 보이면 미소 띤 얼굴이 됩니다. 연습을 계속하면 입꼬리를 올리고 미소 짓는 버릇이 생겨서 자연히 웃는 얼굴로 보입니다.

미소와 함께 인사도 중요합니다. "안녕하세요" "감사합니

246

다"라고 인사하는 습관은 인간관계를 원활히 하는 열쇠입니다. 이쪽에서 먼저 "좋은 아침입니다"라고 말하면 거의 100% "좋은 아침입니다"라는 인사가 돌아옵니다. 의례적인 인사일지도 모르지만, 자신도 상대도 그 말을 꺼내는 것만으로 기분이 좋아지죠. 정말 '좋은 아침'이 되는 것입니다. 기분 좋게 아침을 열면 그날 전체를 유쾌하게 보낼 수 있습니다. 웃는 얼굴로 하는 인사는 대인관계를 부드럽게 하는 동시에 자기 자신의 기분도 밝게 만듭니다.

심리학 이론 중에는 '슬퍼서 우는 것이 아니라 울어서 슬퍼진다'라는 사고방식이 있습니다. 행동이 감정을 낳는다는 사고방식입니다. **미소를 지으면 뇌가 '이렇게 웃고 있으니 분명히 좋은 일이 있는 것이다'라고 판단해서 즐거운 상태를 만들어줍니다.**

외모를 가꾸는 시도도 기분을 바꿔줍니다. 후줄근한 옷 대신 다림질한 정장을 입고 있으면 긴장해서 몸가짐이 평소보다 단정해집니다. 반대로 휴식을 취하고 싶을 때는 편안한 옷으로 갈아입으면 됩니다. 단정한 복장을 갖추고 웃는 얼굴로 인사하면 자연히 기분이 밝아집니다. 주변 사람에게 좋은 영향을 주며, 동시에 자신도 즐거워집니다.

안녕하세요.
좋은 하루네요!
오늘 날씨가 정말 좋네요.
기분 좋은 하루 보내세요.
감사합니다!

"좋은 하루네요~"라고 인사하면
정말 좋은 하루가 됩니다.

♡ㄨ   **일단
즐거운 자리에
참석한다**

사람은 이상하게 아무리 기분이 나쁘더라도 주변 사람이 모두 즐거워하는 자리에 가면, 마음이 풀립니다. 특히 사소한 일로 기분이 상했을 때는 더욱 그렇습니다. 애초에 별 것 아닌 일이었으니까요. 화났다고 일부러 표현하려는 게 아닌 이상, 모두 흥겹게 즐기는 축제에서 자기만 언짢은 표정을 하고 있을 수는 없습니다. 억지로라도 미소를 짓게 되죠. 그러는 동안 **분위기에 취해 조금씩 웃게 되고, 기분 나빴던 일조차 잊고 점점 즐거워집니다. 따라서 우울한 기분이 계속된다면 축제, 사람이 많은 카페 등 어디라도 좋으니 즐거운 장소**

로 찾아가봅시다.

성인이라면 술 마시는 장소나 방법을 고민해보는 것도 좋습니다. 누군가에게 푸념을 늘어놓고 싶다면 조용한 선술집에, 안 좋은 기분을 확 날려버리고 싶다면 정신없이 떠들썩한 펍에 가는 편이 좋을 것입니다. 라틴 음악이 흘러나오는 흥겨운 분위기의 가게나 왁자지껄한 맥줏집 등 모두가 즐기는 곳에서는 뾰로통한 얼굴을 하고 있기 어렵습니다. 또 주변 환경에 영향을 받아서 자연히 기분이 즐거워집니다.

저는 와인을 좋아해서 종종 와인 파티에 가는데, 그곳에서 역시 언짢은 표정을 하고 있기란 어렵습니다. 또 모두가 와인의 맛을 칭찬하며 대화를 시작하므로 푸념을 늘어놓을 분위기도 아닙니다. 서로 와인의 맛에 대한 칭찬을 나누다 보면 그것만으로 이미 화는 어디론가 날아가 있습니다.

화는 자신도 깨닫지 못하는 동안에 완전히 해소되는 것이 가장 좋습니다. "안 좋았던 기분이 싹 사라졌어"라고 할 정도로 즐거운 분위기에 휩쓸리면 됩니다. 우울한 상태에서 그런 곳에 가려면 발걸음이 영 떨어지지 않을 수도 있습니다. 그래도 일단 가보는 겁니다.

불편한 기분이 지속되고, 밖으로 표가 나면 온갖 일에서 손해를 봅니다. 무엇보다 화난 상태가 오래 지속되는 것은 자기 자신에게 손해입니다. 사소한 일에도 쉽게 화가 나 고민이라는 여러분들을 위해 여러 가지 방법을 제시했으니 그중에서 자신에게 가장 효과적인 방법을 찾아봅시다. 욱하는 기분을 해소하고 매일 즐거운 마음으로 지낼 수 있다면 행복하고 좋은 일이 가득한 인생이 될 것입니다. **여러분이 좀 더 행복해지기를 바랍니다.**

자존감이 높아지고, 인간관계가 술술 풀리는 감정 정리법

오늘도 사소한 일에 화를 냈습니다

초판 1쇄   2018년 11월 19일

지은이   와다 히데키
옮긴이   정지영
발행인   유철상
편집   이정은, 이유나, 김유진, 남영란
디자인   조정은, 주인지, 조연경, 이혜수
마케팅   조종삼, 최민아

펴낸곳   상상출판
출판등록   2009년 9월 22일(제305-2010-02호)
주소   서울시 동대문구 정릉천동로 58, 103동 206호(용두동, 롯데캐슬피렌체)
전화   02-963-9891
팩스   02-963-9892
전자우편   cs@esangsang.co.kr
홈페이지   www.esangsang.co.kr
블로그   blog.naver.com/sangsang_pub
인쇄   다라니

ISBN 979-11-87795-99-5(03320)
ⓒ2018 Hideki WADA

※ 가격은 뒤표지에 있습니다.
※ 이 책은 상상출판이 저작권자와의 계약에 따라 발행한 것이므로
   본사의 서면 허락 없이는 어떠한 형태나 수단으로도 이용하지 못합니다.
※ 잘못된 책은 구입하신 곳에서 바꿔 드립니다.
※ 이 도서의 국립중앙도서관 출판예정도서목록(CIP)은 서지정보유통지원시스템 홈페이지
   (http://seoji.nl.go.kr)와 국가자료공동목록시스템(http://www.nl.go.kr/kolisnet)에서
   이용하실 수 있습니다. (CIP제어번호 : CIP2018034524)